Educar en el feminismo

Educar en el feminismo

Iria Marañón

Primera edición en esta colección: enero de 2018
Decimoctava edición: noviembre de 2022

© Iria Marañón, 2018
© de la presente edición: Plataforma Editorial, 2018

Plataforma Editorial
c/ Muntaner, 269, entlo. 1ª – 08021 Barcelona
Tel.: (+34) 93 494 79 99
www.plataformaeditorial.com
info@plataformaeditorial.com

Depósito legal: B. 28.459-2017
ISBN: 978-84-17114-50-3
IBIC: JN

Printed in Spain – Impreso en España

Diseño de portada:
Ariadna Oliver

Diseño de cubierta y fotocomposición:
Grafime

El papel que se ha utilizado para imprimir este libro proviene
de explotaciones forestales controladas, donde se respetan
los valores ecológicos, sociales y el desarrollo sostenible del bosque.

Impresión:
Prodigitalk (BookPrint Digital)

Reservados todos los derechos. Quedan rigurosamente prohibidas,
sin la autorización escrita de los titulares del *copyright*, bajo las sanciones establecidas
en las leyes, la reproducción total o parcial de esta obra por cualquier medio o procedimiento,
comprendidos la reprografía y el tratamiento informático, y la distribución de ejemplares
de ella mediante alquiler o préstamo públicos. Si necesita fotocopiar o reproducir
algún fragmento de esta obra, diríjase al editor o a CEDRO (www.cedro.org).

A mi madre, que me educó para ser feminista y para ser libre. Y, gracias a ella, soy feliz.

A mis hijas, a las que educo para que sean feministas, libres y felices.

Índice

PARTE I.
FEMINISMO, SÍ, GRACIAS   13
1. ¿Y si eres feminista y no lo sabes?   15
   Qué es el feminismo   15
   Nuestras predecesoras   25
   Feminismo. La palabra maldita   30
   *El patriarcado, el machismo, el sexismo
   y la misoginia.*   32
   Mujeres sexistas y sororidad   35
   La sociedad feminista   37
2. Princesas que se rebelan y príncipes
   que salen rana   41
   Por qué es tan importante educar
   en el feminismo   41
   Roles sexuales   43
   Juguetes y juegos.   49
   Referencias culturales   52
   *Ciencia, Tecnología, Ingeniería y Matemáticas
   (STEM)*   56

Educar en el feminismo

Las niñas se sienten menos inteligentes que los niños.	58
Infrarrepresentación e invisibilización.	61
Cómo ocupan los varones el espacio	67
Injusticias que se cometen hacia las niñas y las mujeres en el mundo.	72
Injusticias que se cometen hacia las niñas y las mujeres en España	75
Empleabilidad y brecha salarial.	78
Techo de cristal.	80
Trabajo invisible en el hogar.	80
Feminización de la pobreza	81
Agresiones sexuales.	82
Violencia obstétrica.	82
Violencia machista	85
La libertad de elección.	86

PARTE II.
COEDUCACIÓN 95

3. Ni las niñas son de Venus ni los niños de Marte   97
   Educar en igualdad. 97
   Cómo ser niña o niño 99
   Feminidades y masculinidades. 100
   Educar en la igualdad. Coeducar 103
   Educar en la diversidad 123
   Tus criaturas seguirán tu ejemplo en lugar de tu consejo. 130

Índice

    Técnicas de negociación 143
    Resolución de conflictos 144

4. Calladita NO está más guapa 147
    Empoderar a las niñas 147
        Qué sabemos del empoderamiento femenino . . . 149
        Ni sumisas ni serviles ni obedientes 152
        Identidad. 155
        Buscar la mejor versión de sí misma 162

5. Los chicos SÍ lloran y NO tienen que pelear. . . 183
    Cómo educar a los niños en el feminismo 183
        Violencia machista 191
        Enseñemos a los niños cómo ser niños libres. . . . 200
        Neomachismo. 210

PARTE III.
RELACIONES ENTRE CHICAS Y CHICOS 213

6. Tu cuerpo es un templo, pero no como
te lo han contado 215
    El mito del amor romántico y la sexualidad . . . 215
        El mito del amor romántico 218
        Hablemos de sexo 230
        Cómo se manifiesta la violencia
        en la adolescencia 255

Colofón. 265
Agradecimientos 269

PARTE I.
FEMINISMO, SÍ, GRACIAS

1.
¿Y si eres feminista y no lo sabes?

Qué es el feminismo

> Nunca he sido capaz de averiguar qué es exactamente el feminismo: lo único que sé es que la gente me llama feminista siempre que expreso sentimientos que me diferencian de un felpudo.
>
> REBECCA WEST

Si tienes este libro en tus manos, es posible que ya sepas de qué va el feminismo o sientas curiosidad por saber un poco más para trabajarlo con tus criaturas. Puede que seas una feminista comprometida, un hombre sensibilizado o alguien ha pensado que puedes llegar a serlo y dejar un legado de justicia social e igualdad a las futuras generaciones. En cualquier caso, tienes que saber que, una vez que te has puesto las gafas violetas, verás el mundo a través de un filtro feminista para siempre. Y a la hora de educar a nuestras criaturas, verás lo necesarias que son esas gafas.

Feminismo, sí, gracias

Aunque ella no lo sabía entonces, mi madre me educó en el feminismo. Crecí en una familia burguesa de Madrid a finales del siglo xx, un entorno muy diferente al que tenían las primeras sufragistas, me temo: mi padre era empresario y mi madre no trabajaba fuera del ámbito doméstico. Podría decir que ella trabajaba en casa llevando el peso de las tareas del hogar y el cuidado de sus cuatro hijos, pero la verdad es que siempre hubo personas que se ocupaban de ese tipo de cosas. Lo que sí hizo fue responsabilizarse íntegramente de nuestra educación y bienestar. Era una mujer excepcional, cariñosa, irónica, honesta, inteligente y de mentalidad bastante abierta para haber tenido una educación y un entorno absolutamente conservadores; sin embargo, una víctima consciente del patriarcado, que no se cansaba de decirme: «Para ser libre no puedes depender nunca de un hombre, tienes que ser económicamente independiente». Ese fue mi primer contacto con el feminismo. Me animó a que me sacara el carnet de conducir y condujera, a que estudiara lo que yo quisiera, a que luchara por mis ambiciones personales y profesionales y a que no entregara mi vida en exclusiva a una familia. Ella cofundó una asociación de mujeres en las artes para visibilizarlas en un sector tan masculino: «¿sabes las pocas pintoras y escultoras que han pasado a la historia del arte? A muchas les han robado sus trabajos los hombres y otras han sido ninguneadas». Con todas sus actitudes y actos, me abrió la ventana a la reivindicación feminista.

Te reto a que hagas una prueba. Di que eres feminista (o que apoyas el feminismo, si eres hombre) en cualquier en-

¿Y si eres feminista y no lo sabes?

torno social y, en el mejor de los casos, tendrás que soportar alguna cara de desaprobación. Si se sienten con confianza, te dirán que eres *radical*. *Feminismo* es una palabra que incomoda, que muchas mujeres con conciencia, justicia social y actitudes feministas se niegan a mencionar, incluso. Tenemos tan interiorizado el sometimiento que nosotras mismas somos censoras y boicoteadoras de nuestra propia lucha. Me temo que este es uno de los muchos triunfos del patriarcado: las mujeres que, siendo feministas (porque creen en la justicia social), se niegan a admitirlo están restando valor a una lucha que, durante tantos años, gestaron nuestras predecesoras.

Algunas personas te dirán frases como esta: «Los extremos no son buenos, ni machismo ni feminismo: igualdad». Por supuesto que las feministas no queremos discriminar a los varones (para eso harían falta siglos de sometimiento y el ejercicio de la violencia sobre ellos de forma sistemática), pero esas personas no saben lo que significa la palabra *feminismo*.

Según la definición de la Real Academia Española, el feminismo es «la ideología que defiende que las mujeres deben tener los mismos derechos que los hombres» (sic). Aunque, como dice Nuria Varela,[1] han pasado tres siglos y los académicos todavía no saben de qué va el feminismo: la doctrina feminista se ha construido para establecer que las mujeres son demandantes de su propia vida; por lo tanto, ni el hombre es el modelo al que equipararse ni es el neutro que se

---

1. Varela, N. (2013). *Feminismo para principiantes*. Barcelona: Zeta Bolsillo.

Feminismo, sí, gracias

puede usar como sinónimo de persona. En el movimiento feminista las mujeres tomamos conciencia de la opresión y la explotación que recibimos por parte de los varones y reivindicamos nuestra libertad y nuestros derechos.

Es posible que otras personas no se sientan representadas cuando escuchan o leen las opiniones de diferentes feministas sobre temas controvertidos, y que piensen que no van con ellas. Las feministas siempre han ido por delante de la sociedad exigiendo derechos para las mujeres, cuando ni siquiera las propias mujeres creían necesitarlos. Por eso hay que abrir bien la mente, estudiar y profundizar sobre el feminismo para comprender la magnitud del movimiento.

También hay mujeres que dicen no haber sentido nunca la opresión del patriarcado. A ellas hay que recordarles una frase de Rosa de Luxemburgo que dice lo siguiente: «Quien no se mueve no escucha el ruido de sus cadenas». Seguramente, estas mujeres están acomodadas en el patriarcado y nunca han sentido la necesidad de salir de él, por lo que ni sienten las cadenas ni les molestan (no perciben la opresión). Tampoco son conscientes de las desigualdades ni de las injusticias, de que los puestos de poder y toma de decisiones están en manos de los hombres y de que estos organizan las leyes, la economía y la sociedad para beneficiar al hombre blanco heterosexual.

Las mujeres estamos sometidas a la violencia simbólica,[2] aquella que se ejerce de forma subrepticia, invisible, sin que

2. Bourdieu, P. (2000). *La dominación masculina*. Barcelona: Anagrama.

¿Y si eres feminista y no lo sabes?

el oprimido sea apenas consciente de ella. Las sometidas consideran que su lugar en el mundo es el que es, y ni siquiera son conscientes de las desigualdades ni se plantean levantarse contra el opresor. Con la excusa de mantener el orden social se perpetúa este tipo de violencia: ¿por qué el lenguaje se construye siempre en masculino genérico, y muchas mujeres lo consideran perfectamente normal?, ¿por qué las mujeres se cosifican y se muestran como objetos sexuales en la publicidad? Y lo más importante, ¿cómo es que no salimos a la calle y hacemos una revolución ante tantas desigualdades? Porque la sociedad no ve las injusticias e incluso ha sido capaz de normalizarlas.

Por este motivo, lo primero que tenemos que enseñarles a nuestras criaturas es que el machismo existe y se manifiesta de muchas formas, a veces de forma imperceptible. Deben tenerlo presente para poder detectarlo y combatirlo. Tenemos que hablarles del feminismo, y de que es la única manera que existe para combatir el machismo.

Nada más nacer con el sexo femenino, el patriarcado nos pone un corsé. Incluso en los países occidentales, donde las mujeres creemos que hemos avanzado con algunas leyes que nos equiparan, este corsé nos impide llegar a puestos de responsabilidad, poder, nos condena a trabajos precarios y, además, nos somete a la voluntad masculina y a importantes desigualdades sociales. En el momento en el que las mujeres oprimidas tomamos conciencia de nuestro estado y reclamamos nuestra emancipación del sistema patriarcal, nace la conciencia feminista.

Feminismo, sí, gracias

El feminismo exige eliminar la opresión del patriarcado, los estereotipos sexistas, las agresiones sexuales, la violencia sobre las mujeres y la visión androcéntrica de la sociedad. ¿Todavía crees que hemos alcanzado la igualdad? Ahí reside el gran éxito del machismo, en normalizar todas las desigualdades y hacernos creer que las personas somos iguales. Vamos a usar el paralelismo con las personas de ojos azules: si al nacer las marcaran con pendientes, si tuvieran un 23 % menos de sueldo en el mismo puesto de trabajo, si históricamente el resto de personas les hubieran usurpado su espacio, silenciado sus éxitos, si supiéramos que se las deja hablar menos, dar menos su opinión, si su opinión valiera menos que la del resto de las personas y si en los últimos años se hubiera asesinado a más de 800 miembros de la comunidad de ojos azules en nuestro país, pensaríamos que tenemos un grave problema, ¿verdad? Pues este es el grave problema social que tenemos realmente: el machismo.

Simone de Beauvoir[3] dice que no se nace mujer, se llega a serlo a través de construcciones sociales. Igualmente, Ana de Miguel[4] dice que en el momento en el que nacemos construyen nuestro género con elementos externos. Cuando nace un bebé, la decisión de ponerle pendientes o no se toma en función de si es una niña o un niño. A las niñas se les agujerean las orejas y se les pone un faldón rosa, y a los niños se

3. De Beauvoir, S. (2005). *El segundo sexo*. Madrid: Cátedra.
4. De Miguel, A. (2015). *Neoliberalismo sexual. El mito de la libre elección*. Madrid: Cátedra.

¿Y si eres feminista y no lo sabes?

les ponen patucos azules. Este es el comienzo: los elementos externos de construcción de género van a conformar la manera de ser una niña o un niño, algo que, a la larga, va a perjudicar a las niñas y a las mujeres con desigualdades sociales evidentes. Marcar a una niña con pendientes es más que un símbolo: le estás diciendo cómo tiene que ser una niña, estás construyendo su género (cómo tiene que comportarse, cómo tiene que actuar y vestirse). Eso construye estereotipos sexistas, y esos estereotipos le asignan, entre otros, un rol sumiso y débil, la asunción de que es menos inteligente que los chicos y más presumida, la prescripción, por parte de la sociedad, de que para ella son las tareas de cuidado y responsabilidad en el hogar y que el poder y el control son cosa de hombres. También significa que, solo por el hecho de ser mujer, va a tener más posibilidades de control, agresiones, violaciones o incluso muerte por violencia machista.

El feminismo, además, es fundamental para los niños: ellos no son libres para expresarse con libertad, la sociedad les impone cómo la masculinidad y les impide realizarse de forma plena. Les dice que no pueden ser sensibles, ni delicados ni complacientes. Les dice que deben ser valientes, fuertes y responsables del dinero que entra en el hogar. La construcción de cómo tiene que ser un chico debe revisarse, porque ellos también tienen derecho a decidir cómo quieren ser y no ajustarse a los clichés que les presuponen de una manera o de otra.

En vista de lo perjudiciales que son los estereotipos, cuando nacieron mis hijas, no les perforé las orejas pensando que

Feminismo, sí, gracias

les estaba dando libertad para elegir qué tipo de niña y mujer querían ser. Intenté elegir juguetes neutros y vestirlas con cierta neutralidad. Cuando paseaba por la calle, la gente me decía que qué niño más rico, pero a mí no me importaba en absoluto y me negaba a coartar su libertad desde tan pequeñas..., ilusa de mí, mis hijas tenían la libertad cercenada desde el día en que nacieron, independientemente de lo que yo hubiera hecho. Lo único que quizás les he dado, actuando de esta manera, es poder sobre ellas mismas. Se pueden llevar pendientes y ser feminista, por supuesto, pero ¿no es mejor elegir nosotras qué tipo de mujeres queremos ser? ¿Y no es mejor que los niños decidan también cómo ser hombres?

Estos estereotipos destruyen nuestras capacidades, nuestra autoestima y nuestra forma de concebir el mundo. Los pequeños gestos cotidianos de cada una y cada uno pueden llegar a cambiar el mundo, pero necesitamos una conciencia global para avanzar de verdad. El feminismo reivindica que la construcción social que se tiene del sexo femenino y masculino tiene que cambiar: que para que las mujeres no sean las que tienen los empleos más precarizados, para que lleguen a puestos de responsabilidad y poder, para que se elimine la violencia machista y para que exista una corresponsabilidad real en el hogar, la sociedad en pleno tiene que asumir la desigualdad y apoyar el feminismo, nosotras como feministas y los hombres como sensibles a esta lucha. Y eso debe hacerse desde el momento en el que nacemos.

Esto significa que los varones van a perder muchos privilegios por el camino, que en este momento disfrutan y que

¿Y si eres feminista y no lo sabes?

son consecuencia directa de esta desigualdad. Veamos, ¿por qué, hasta hace muy poco, era el apellido del padre el que se daba por defecto a las hijas e hijos nacidos dentro de un matrimonio? Con igualdad real, los hombres han perdido ese privilegio. Eso no significa que nosotras quisiéramos una posición superior a la suya y que, a partir de ahora, sea el apellido de la madre el primero, no; queríamos igualdad. Y sí, si alcanzamos la igualdad, ellos van a perder privilegios como este. Pero la sociedad entera va a ganar.

Nuestra desigualdad va desde la brecha salarial hasta los asesinatos machistas: desde que se contabiliza, como dice Nuria Varela,[5] en España han sido asesinadas el mismo número de mujeres por violencia machista que personas asesinadas por ETA en toda su historia. Los motivos que llevan a un hombre a asesinar a una mujer se gestan durante su infancia y adolescencia: un niño no nace machista, la sociedad en la que vivimos lo configura como tal.

Un adulto machista no se crea de la noche a la mañana, son muchos años de detalles, a veces inapreciables, los que van formando su mentalidad: asumir que el color rosa es una cosa de chicas es el comienzo de una mentalidad cerrada a los estereotipos de género, y de ahí se pasa a pensar que el sexo femenino no puede jugar con camiones, o al fútbol, porque son más débiles, se asume que las chicas no son buenas en matemáticas, que son menos inteligentes, que tienen

5. Varela, N. (2017). *Cansadas. Una reacción feminista a la nueva misoginia.* Barcelona: Ediciones B.

Feminismo, sí, gracias

capacidades inferiores o diferentes, que son más sumisas, que se ocupan de los cuidados y de la casa, que tienen que ser dóciles, que tienen que ser precavidas con su sexualidad, que tienen que ser coquetas y preocuparse por su aspecto físico, que tienen que ser controladas, piropeadas, enseñadas y deben tener cuidado..., hasta que un día te has convertido en un hombre machista y en una mujer sometida que asume el patriarcado.

Esto nos convierte en un colectivo frágil, que necesita una gran conciencia social para avanzar, para deshacernos de toda la presión patriarcal.

En los institutos de Suecia es lectura obligatoria el libro de Chimamanda Ngozi Adichie titulado *Todos deberíamos ser feministas*. Los países más avanzados son conscientes de que una educación en el feminismo es necesaria para una sociedad mejor.

Este es el momento. De nuevo parece que resurge con fuerza y cada vez se oyen más en los medios las palabras *feminismo* y *empoderamiento femenino*. Sin embargo, el nivel de machismo no disminuye. Sigue sin haber modelos claros a nuestro alrededor de mujeres poderosas en la política, en el entorno económico, en el cultural (escritoras, cineastas, artistas) o en el científico-tecnológico (ingenieras, arquitectas, investigadoras); los hombres siguen sin responsabilizarse y asumir como suyos el trabajo doméstico y reproductivo; los hombres siguen maltratando, violando y asesinando. Ha llegado el momento de empoderar a las niñas para que sean libres feministas y coeducar a los niños para convertirlos

¿Y si eres feminista y no lo sabes?

en verdaderos aliados del feminismo. La educación que les damos a nuestras criaturas ahora no puede olvidarse del feminismo, que es la base para una sociedad realmente justa.

Nuestras predecesoras

El movimiento feminista comenzó cuando las mujeres fueron conscientes de las injusticias que se cometían contra ellas solo por el hecho de ser mujeres, y se rebelaron contra esa opresión. Antropológicamente no está demostrado que, antes del Neolítico, los roles estuvieran tan estereotipados como se piensa: ni la mujer se quedaba siempre en la cueva criando la descendencia ni el hombre era el que salía a cazar. Según muchos estudiosos del tema, esta es una construcción de clichés relativamente reciente de la sociedad, que está directamente influenciada por la concepción actual de la familia, las jerarquías de poder actuales y por el peso del pensamiento judeocristiano.

Siempre ha habido mujeres que han roto con los estereotipos, que han destacado a lo largo de la historia, y muchas de ellas lucharon de alguna manera por sus derechos igualitarios: en el siglo III a. C., Hiparquía de Maronea fue una de las primeras mujeres filósofas: en lugar de tejer y dedicarse a las tareas domésticas, se dedicó al estudio y la filosofía, enfrentándose a la incomprensión de la sociedad. Hipatia de Alejandría, que fue una importante astrónoma, matemática y filósofa del siglo IV, fue la primera en evidenciar el movimiento elíptico de la Tierra alrededor del Sol, en contra de lo que decía Ptolomeo.

Feminismo, sí, gracias

Ana de Miguel[6] cuenta que Guillermine de Bohemia creó una iglesia a finales del siglo XIII dirigida solo para mujeres y basada en la premisa de que la redención de Cristo no había alcanzado a la mujer y que Eva no había sido salvada. A ella acudían mujeres del pueblo, burguesas y aristócratas. Pero la que ha pasado a la historia como una de las iniciadoras del pensamiento feminista es Mary Wollstonecraft. Cuenta Rosa Cobo Bedia[7] que esta pensadora inglesa creció en un hogar con un padre violento y alcohólico con escasos recursos económicos. No fue instruida como el resto de las niñas de la época, porque apenas fue educada en general, lo que hizo que tuviera una visión mucho más completa de la situación en la que vivían las pequeñas damas de la sociedad. Escribió en 1787 *Reflexiones sobre la educación de las niñas*, donde habla sobre la necesidad de una pedagogía que no discriminara a las niñas y critica una educación dirigida a que fueran adornos sociales. Pero fue en 1792 cuando escribió la obra fundacional del feminismo: *Vindicación de los derechos de la mujer*. Es aquí donde censura una educación que convertía a las niñas en débiles de carácter, que se las educaba para el matrimonio y no para ser seres humanos completos e independientes.

---

6. De Miguel, A. (2005). «Los feminismos a través de la historia», *Mujeres en Red*. [Disponible en: <http://www.mujeresenred.net/anademiguel.html>].
7. Cobo Bedia, R. (1989). «Mary Wollstonecraft: un caso de feminismo ilustrado». *Reis*, n.º 48, pp. 213-217. [Disponible en: <http://dialnet.unirioja. es/servlet/oaiart?codigo=249263>.]

¿Y si eres feminista y no lo sabes?

El feminismo ha pasado por diferentes olas o etapas:[8]

CUÁNDO	¿QUÉ PEDÍAN LAS MUJERES?	FEMINISTAS DE LA ÉPOCA
Primera ola. Desde los inicios de las primeras reacciones frente a las desigualdades hasta comienzos del siglo XIX.	Se toma conciencia de la inferioridad de las mujeres y estas pedían derechos esenciales, como educación, trabajo, derechos en el matrimonio, con respecto a los hijos y derecho al voto. La Revolución francesa fue un momento clave.	Olimpia de Gouges fue guillotinada por Robespierre en 1791. Escribió «Declaración de los derechos de la mujer y la ciudadana». Christine de Pizan escribió *La ciudad de las damas*. Poulain de la Barre escribió *La igualdad de los sexos*. Mary Wollstonecraft escribió *Vindicación de los derechos de la mujer*.
Segunda ola (siglo XIX-XX).	Abarca el movimiento sufragista, que comenzó a mediados del siglo XIX en Inglaterra y Estados Unidos, en el que las mujeres pedían derechos civiles fundamentales, como el voto, derechos sobre sus propios hijos, administrar sus propios bienes o la educación superior. En ese momento, incluso, reivindicaban el mismo salario por el mismo trabajo (¿te suena?). Termina a mediados del siglo XX.	Emily Wilding Davison, que muere arrollada por el caballo del rey durante una competición cuando pedía el voto femenino en Inglaterra. Elizabeth Cady Stanton convoca en Seneca Falls a mujeres y hombres para discutir sobre los derechos y la condición social, civil y religiosa de la mujer. Tras esa reunión, firman la Declaración de Seneca Falls. 21 años después, el Estado de Wyoming es el primero en reconocer el derecho al voto de las mujeres. Flora Tristán fue activista del movimiento obrero y feminista. Simone de Beauvoir escribe *El segundo sexo*.

8. Varela, N. (2013). *Feminismo para principiantes*. Barcelona: Zeta Bolsillo.

Feminismo, sí, gracias

CUÁNDO	¿QUÉ PEDÍAN LAS MUJERES?	FEMINISTAS DE LA ÉPOCA
Tercera ola (comienza en la década de 1960).	Se inicia en Estados Unidos. Las mujeres, que ya habían conseguido el voto y derechos de plena ciudadanía, se dan cuenta de que siguen relegadas al hogar. Reivindican su sexualidad y son conscientes de que las estructuras sociales fomentan las desigualdades, los estereotipos de género, la cosificación y la violencia contra la mujer.	Betty Friedan escribe *La mística de la feminidad* y pone de manifiesto la insatisfacción de las mujeres amas de casa en Estados Unidos; crea, además, la Organización Nacional para las Mujeres (NOW) y se convierte en un icono del feminismo liberal, un tipo de feminismo que, tal y como explica Ana de Miguel,[9] se caracteriza por definir la situación de las mujeres como de desigualdad –y no de opresión y explotación– y por postular la reforma del sistema hasta lograr la igualdad entre los sexos. En contraposición surge el feminismo radical, donde las mujeres se organizan de forma autónoma, se declaran antisistema y se constituye el Movimiento de Liberación de la Mujer. A este movimiento pertenecen dos obras fundamentales: *Política sexual*, de Kate Millett, y *La dialéctica del sexo*, de Shulamith Firestone.

El movimiento feminista ha sido muy variado y las mujeres han luchado por sus derechos y por la libertad de formas muy distintas. Hoy en día, muchas de esas diferencias continúan en el feminismo, pero hay un objetivo común, que es que las mujeres seamos realmente libres en una sociedad

---

9. De Miguel, A. (2005). «Los feminismos a través de la historia», *Mujeres en Red*. [Disponible en: <http://www.mujeresenred.net/anademiguel.html>.]

¿Y si eres feminista y no lo sabes?

verdaderamente justa. Gracias a la institucionalización del feminismo y a la Declaración de Atenas de 1992, se empiezan a realizar políticas abiertamente feministas hechas desde el Estado o por líderes mundiales. Sin embargo, todavía queda mucho recorrido.

Ahora que las mujeres hemos conseguido acceder a puestos de responsabilidad y poder (en un porcentaje ínfimo: en el Tribunal Supremo, por ejemplo, hay 11 mujeres juezas frente a 68 varones)[10] y estamos consiguiendo cambios culturales y sociales importantes, es muy peligrosa la difusión de la idea de que *la igualdad está conseguida*, ya que está horadando el feminismo al que tienen que enfrentarse las nuevas generaciones, y nos estamos encontrando con adolescentes que perpetúan el machismo con mucha más intensidad que en las generaciones anteriores: chicos que controlan a sus novias por el móvil y las redes sociales, que las humillan y maltratan. Palabras como *sexting, ciberbullying, bullying* sexual. Chicas que se entregan al mito del amor romántico, que consienten formas de control y que se cosifican a sí mismas. Sigue sin existir igualdad real, los varones ocupan los espacios de las mujeres en todos los ámbitos, en las conversaciones, en el poder, en la política, en el trabajo, en los lugares físicos…, y continúan las agresiones sexuales, las violaciones, la violencia machista y los asesinatos machistas.

---

10. Consejo General del Poder Judicial. (2015). *Informe sobre la Estructura de la Carrera Judicial*. [Disponible en: <http://www.ifuturo.org/informe-sobre-la-estructura-de-la-carrera-judicial-2015>.]

Feminismo, sí, gracias

Han sido muchísimas las mujeres que han abanderado el feminismo, bien con un comportamiento revolucionario o bien desde el pensamiento, la filosofía, la literatura y la política. Esas mujeres han sido torturadas, maltratadas, violadas y asesinadas por defender derechos tan fundamentales como el acceso a la educación, el voto femenino o la independencia económica de las mujeres. Hoy, en España, somos libres de abrir una cuenta en un banco, de viajar solas, de estudiar, de trabajar, de gestionar nuestro propio dinero y de vivir la vida que queremos, gracias a ellas. Eso no se nos puede olvidar nunca: las libertades que hoy disfrutamos las mujeres y que consideramos esenciales las hemos conseguido gracias a feministas que fueron incomprendidas en su época.

Feminismo. La palabra maldita

Hay muchas personas que están a favor de impulsar que las mujeres tengan derechos completos, pero se niegan a denominarse a sí mismas *feministas*. Esto se debe a su mala prensa: los medios de comunicación, sectores ultraconservadores y misóginos, incluso algunos libros de texto se han encargado de que la palabra parezca un antónimo del machismo y consideran que la solución no es poner a la mujer en el lugar del opresor. En eso, todas las feministas estamos de acuerdo: para su tranquilidad, tienen que saber que el feminismo no es lo contrario del machismo, ya que el feminismo es la lucha contra el machismo, pero no es machismo a la inversa. A otras personas les parece una palabra de otra época. Otros se

¿Y si eres feminista y no lo sabes?

preguntan entonces por qué no podemos llamarlo *igualdad* o *equidad*: sencillamente, significan cosas diferentes.

El problema de llamarlo *igualdad* o *equidad* es que las mujeres no reclamamos igualdad porque la igualdad equipara, y no somos iguales (porque no partimos de la misma realidad), por lo que no necesitamos leyes exactamente iguales, sino leyes justas. Es decir, como las mujeres partimos con desventaja sobre algunos aspectos, necesitamos leyes específicas. Por ejemplo, necesitamos una ley del aborto, leyes que nos protejan íntegramente de la violencia machista, una ley de igualdad de salarios en el entorno laboral, leyes de corresponsabilidad y muchas más que los varones no necesitan. Las mujeres necesitamos leyes que corrijan la infrarrepresentación femenina con cuotas, por ejemplo.

Además, no solo queremos leyes feministas, también queremos una sociedad feminista que valore los logros de las mujeres, que les permita acceder al poder y a la toma de decisiones.

De todas formas, no tiene ningún sentido buscar una palabra cuando ya tenemos una que es perfecta para definir un movimiento que lleva siglos de historia. Resulta cuanto menos curioso que, a pesar de que todo el lenguaje que utilizamos tenga una visión completamente androcéntrica, con el uso del masculino como genérico, a muchas personas les cueste asumir una palabra que hace referencia a lo femenino para un movimiento de mujeres. Volvemos al patriarcado que tenemos grabado a fuego sobre nosotras y sobre ellos: todo el lenguaje puede estar construido sobre el masculino genérico y no tenemos derecho ni a reclamar un lenguaje inclusivo, pero en cuanto surge una palabra que, etimológicamente, no los nombra, tenemos un grave problema.

Para desprestigiar el movimiento feminista, ya se han encargado de utilizar palabras como *feminazi* o *hembrista*.

El *feminazismo* es una expresión popularizada por un locutor de radio norteamericano que la utilizó para referirse a las mujeres que defendían el derecho al aborto. Después se ha utilizado de forma habitual para desprestigiar el movimiento feminista.

El *hembrismo* sería el equivalente antónimo del machista, falsa superioridad de la mujer. Pero es una falacia imposible de concebir porque necesitaríamos siglos de dominación femenina para discriminar, humillar y ejercer violencia con los hombres por el mero hecho de ser hombres. Y en ningún caso es el objetivo del feminismo.

El patriarcado, el machismo, el sexismo y la misoginia

Vamos a detenernos en estos conceptos para entender un poco mejor el movimiento feminista y saber contra qué lucha exactamente.

Estoy segura de que la escena que voy a explicarte a continuación la has vivido muchas veces: estás cenando en casa de amigas y amigos y, al acabar la cena, las mujeres nos levantamos para recoger los platos, como si tuviéramos un resorte, mientras los hombres continúan sentados disfrutando de la sobremesa. Lo voy a decir claramente por si alguno no se siente identificado: eso es una conducta típica machista.

¿Y si eres feminista y no lo sabes?

En esta situación, el hombre asume (consciente o inconscientemente) que su cometido no es recoger la mesa y las mujeres asumimos que tenemos que hacerlo (consciente o inconscientemente). Muchos ni se lo plantean. Otros muchos se lo plantean, pero se hacen los *despistados*. Algunos se levantan y *ayudan* a recoger la mesa (*ayudan*, peligrosa palabra). Te cuento esto para que identifiques cómo funciona el patriarcado: muchas circunstancias cotidianas que toleramos las mujeres son absolutas muestras de machismo, sexismo y misoginia. Y esta es una pequeñísima anécdota.

El patriarcado es una organización social en la que el hombre tiene el poder. Ahora mismo, en nuestra sociedad, todos los poderes los tienen los hombres: el poder político, financiero, económico, cultural y social. Toda nuestra sociedad está estructurada de manera que el hombre es el que toma las decisiones y es la medida de todas las cosas: el lenguaje se estructura en masculino genérico, los puestos de responsabilidad y poder en las empresas y en la política están en manos masculinas, la construcción social del sexo está enfocada al placer sexual masculino (prostitución, pornografía, coito), las familias se estructuran con un cabeza de familia masculino que, hasta hace muy poco, era el que daba el apellido, los varones ocupan los espacios de las mujeres en todos los ambientes sociales, el hombre es el que viola, maltrata y asesina.

El machismo es una forma específica de organizar las relaciones entre los géneros y es un conjunto de actitudes aprendidas con las que se mantiene el orden social, en el que las mujeres son discriminadas, humilladas, invisibilizadas y sometidas. Los varones asumen la virilidad, la fuerza, el espacio y la posesión de la razón, y esto les otorga un puesto de superioridad del que se benefician. Se manifiesta con las actitudes de los propios varones.

Como explica Varela,[11] el sexismo es «el conjunto de todos y cada uno de los métodos empleados en el seno del patriarcado para poder mantener en situación de inferioridad, subordinación y explotación al sexo dominado: el femenino. El sexismo abarca todos los ámbitos de la vida y las relaciones humanas». Es decir, es una ideología que «defiende la subordinación de las mujeres y todos los métodos que utiliza para que esa desigualdad entre hombres y mujeres se perpetúe». El sexismo está institucionalizado, por lo que el lenguaje o las leyes que provocan desigualdades son las manifestaciones del sexismo.

La misoginia es el odio y la aversión a las mujeres y las niñas.

Todas estas formas pueden manifestarse de muy distintas maneras: delegando las tareas del hogar y los cuidados a la mujer, humillándola, cosificándola, invisibilizándola, ejerciendo control y violencia sobre ella..., a veces no son comportamientos tan extremos, y vemos cómo los hombres se sientan en el metro abriendo las piernas, pueden hacer chistes y comentarios despectivos hacia las mujeres, pueden

---

11. Varela, N. (2013). *Feminismo para principiantes*. Barcelona: Zeta Bolsillo.

¿Y si eres feminista y no lo sabes?

interrumpir a las mujeres, pueden invadir su espacio en las conversaciones, silban y molestan a las mujeres por la calle, piensan que algunas mujeres son *zorras* o *frescas* por vivir su sexualidad como ellas deciden o asumen que no tienen la misma capacidad en el deporte «porque es una chica». Todo esto son las cosas que aprenden nuestras criaturas desde la infancia.

Mujeres sexistas y sororidad

Algunas feministas defienden que no existe la mujer machista. Esto se explica porque las mujeres y los hombres nos hemos criado en un sistema patriarcal, así que algunas mujeres pueden asumir comportamientos machistas e incluso compartir con algunos hombres las mismas ideas con respecto al sometimiento de la mujer, pero ellas no se benefician nunca del machismo y son víctimas alienadas de este, lo que las convierte en mujeres «colaboracionistas involuntarias del machismo», como dice Barbijaputa.[12]

Echar la culpa a las propias mujeres de perpetuar el machismo es hacer responsables a las víctimas de su situación: es como si culpáramos al esclavo por no rebelarse contra el que lo esclaviza. Otra cosa es que nos duela más que las mujeres perpetúen el machismo, pero eso no significa que sean peores, en el fondo es otro triunfo más del patriarcado, que cuenta con aliadas dentro de las oprimidas. Como bien ex-

---

12. Barbijaputa. (2017). *Machismo, 8 pasos para quitártelo de encima*. Barcelona: Roca Editorial.

plica Simone de Beauvoir, el opresor no sería tan fuerte si no tuviese cómplices entre los propios oprimidos.

Dice Caitlin Moran[13] que que las mujeres digamos de otra, sarcásticamente, «está un poco calva» no es lo que ha impedido que las mujeres consiguieran ese 23 % menos de sueldo ni un puesto en el consejo de dirección. Se debe más a las decenas de miles de años de enraizada misoginia social, política y económica y al patriarcado. Y tiene razón. Es cierto que las mujeres podemos criticarnos unas a otras, incluso algunas son capaces de hacer y decir auténticas barbaridades de otras mujeres, pero nosotras no ejercemos la opresión.

Todas las mujeres tenemos que desaprender muchísimos comportamientos y *verdades absolutas* que tenemos grabadas a fuego en nuestro interior por haber crecido en un sistema patriarcal. Todas, en mayor o menor medida. Pero eso no significa que seamos machistas, somos víctimas de este sistema. Aquí surge la sororidad.

Según la RAE, la sororidad es la «agrupación que se forma por la amistad y reciprocidad entre mujeres que comparten el mismo ideal y trabajan por alcanzar un mismo objetivo» (sic).

Significa hermandad, hermanamiento. Las mujeres deberíamos apoyarnos y hacer críticas constructivas. Nuestra lucha es común, necesitamos empoderarnos, y para ello tenemos que estar unidas por la misma causa. Desde siempre hemos criticado y hemos juzgado los comportamientos de otras mujeres, pero ha llegado el momento de avanzar. ¿Que

13. Moran, C. (2014). *Cómo ser mujer.* Barcelona: Anagrama.

¿Y si eres feminista y no lo sabes?

una mujer se cosifica a sí misma para disfrute de los hombres, y de ella misma? ¿Que otra no se considera a sí misma feminista, sino que cree en *la igualdad*? Es bueno hacerles ver que el feminismo es un camino común, que podemos equivocarnos, pero que tenemos que estar abiertas a seguir aprendiendo en este tema.

La sociedad feminista

El feminismo nos ofrece su mejor camino para conseguir la emancipación de la mujer. Sabemos que toda la sociedad está estructurada para que triunfe el machismo, y podemos estar de acuerdo, o no, con las opciones que plantean algunos feminismos: que el capitalismo fomenta la desigualdad, o que el Estado tiene que ser responsable de ofrecer políticas que apoyen el movimiento feminista, o que hasta que la sociedad no asuma que el trabajo no remunerado dedicado a los cuidados y la responsabilidad del hogar es trabajo igualmente, no se puede avanzar, o que la liberación de las mujeres va a llegar con el desarrollo y la preservación de una contracultura femenina. En cualquier caso, en la sociedad actual en la que vivimos, es necesaria una conciencia feminista global y una educación en consecuencia, para que las criaturas que formamos en este momento sean impulsoras del cambio mañana.

Lo primero que tenemos que conseguir es que las niñas y las mujeres se consideren feministas a sí mismas, y los varones sean verdaderos aliados del feminismo. Esta parte es fundamental, ya que una mitad del mundo muy podero-

Feminismo, sí, gracias

sa (los hombres) no está dispuesta a perder sus privilegios. Mientras que no exista concienciación global, una sociedad completamente feminista será inalcanzable.

Para cambiar a un nuevo orden social verdaderamente feminista, que sea la base de una sociedad más justa, el abolicionismo de todos los sistemas de explotación son básicos: la sociedad no será feminista mientras existan puteros que puedan comprar el cuerpo de mujeres en situación de prostitución; tampoco será feminista mientras exista la industria pornográfica, creada para satisfacer las necesidades de los hombres explotando a mujeres que tienen pocas opciones; no será feminista si en nombre del género los hombres y niños, y las mujeres y las niñas, tienen que cambiar de identidad e incluso de sexo porque este no se ajusta a lo que la sociedad espera.

Y no debemos olvidar que las sufragistas fueron consideradas unas *radicales* en su época: hoy en día, ser feminista sigue siendo una postura *radical*, a pesar de que sencillamente busca una sociedad justa, igualitaria, donde la mujer no siga sometida al hombre.

¿Y si eres feminista y no lo sabes?

··· **TALLER FEMINISTA** ···
Test: ¿Eres feminista?

Contesta sí o no.
1. Crees que las personas deberíamos tener los mismos derechos y ser tratadas de la misma manera.
2. Crees que todas las personas deberían tener acceso a las mismas oportunidades y el mismo sueldo desempeñando el mismo trabajo.
3. Crees que los hombres no tienen derecho a agredir, violar o asesinar a las mujeres solo por el hecho de ser mujeres.
4. Crees que los hombres no tienen que controlar o influir en lo que hacen las mujeres incluso aunque sean sus parejas.
5. Crees que las mujeres son libres para decidir si quieren casarse, o no; tener hijos, o no; pintarse los labios, o no; ponerse tacones, o no; limpiar la casa, o no.
6. Crees que las mujeres, si tienen pareja, deben compartir el cuidado de los hijas e hijos, y del hogar, por igual.
7. Crees que los hombres pueden llorar, expresarse como quieran y ser sensibles, y que las mujeres pueden tener puestos de poder, y expresarse libremente.
8. Crees que conseguir que las mujeres puedan votar, que puedan estudiar, que puedan decidir sobre su dinero, su trabajo y que puedan tener derechos para gestionar si quieren ser madres o no son logros importantes conseguidos por las feministas.
9. Te das cuenta de que las mujeres, solo por haber nacido con vulva, sufrimos opresión por parte de los hombres en el sistema patriarcal.

10. Crees que la igualdad solo llegará cuando cambie el sistema y la mujer sea verdaderamente libre.

Si tienes más síes que noes, lo siento, aunque no te identifiques con la palabra, eres feminista. Como dice Caitlin Moran:

«¿Qué es el feminismo? Solo la convicción de que las mujeres deben ser libres. ¿Que si eres feminista? Ja, ja, ja, por supuesto que sí».

2.
Princesas que se rebelan y príncipes que salen rana

Por qué es tan importante educar en el feminismo

> Los hombres tienen miedo de que las mujeres se rían de ellos. Las mujeres tienen miedo de que los hombres las asesinen.
>
> MARGARET ATWOOD

El colegio en el que estudié durante doce años era solo de chicas. Las monjas nos llamaban «bailarinas baratas» porque nos remangábamos la falda del uniforme para hacerla más corta y porque a la salida del colegio nos soltábamos la coleta (literalmente, porque en el colegio era obligatorio llevar el pelo recogido) y hablábamos con los chicos del colegio de enfrente. Fuera del currículo académico, nos enseñaron a coser, a que nuestro cuerpo era un templo, a que los chicos solo querían hacer maldades con nosotras y a que casi todo lo que parecía divertido era inapropiado para unas señoritas como nosotras. De esa educación castradora, uno de los recuerdos más positivos que tengo fue el vínculo que surgió entre las compañeras, y a día de hoy conservo muchísimas amistades de esa época. Practicábamos la sororidad sin saberlo. Y aunque era capaz de ver las injusticias que se cometían sobre nosotras, al no haber chicos, era imposible que yo pudiera percibir un trato diferenciado y era incapaz de ver las desigualdades en mi universo monocromático. Más allá de los motivos de cada persona para elegir este tipo de educación segregada, a mí me enseñó lo siguiente: que chicas y chicos tenemos diferencias importantes y debemos estar separados para aprender cosas distintas y que, a la hora de socializarnos, los varones podían ser solo dos cosas: o familiares o posibles parejas. Suerte que con el paso del tiempo desaprendí todas esas cosas.

Como te he contado, Mary Wollstonecraft se quejaba de que en el siglo XVIII a las niñas se las educaba para ser señoritas y a no molestar. Me temo que, tres siglos después, y con el derecho al voto adquirido, a nuestras niñas de hoy les damos una educación igualmente castradora.

Seguimos inculcando estereotipos a niñas y niños muy perjudiciales, como que los niños no lloran, porque llorar es cosa de *nenazas*, que los niños son fuertes y tienen que cuidar de las niñas porque son más débiles y están expuestas a más amenazas, o que el color rosa, las casitas y las muñecas son cosas de niñas (y, por extensión, todo lo delicado, las tareas del hogar y el cuidado). En los estereotipos se cocina el machismo: ellos tienen el poder y el control, porque, entre otras cosas, desde pequeños les enseñan a jugar a que son superhéroes, soldados, vaqueros o futbolistas; para ellos son los puestos de responsabilidad en el trabajo (se acostumbran a mandar) y ellas trabajarán en puestos inferiores y cuidarán a su prole y su casa (jugando a las muñecas y a las casitas se acostumbran a cuidar bebés y a los demás); además, son frágiles, vulnerables, necesitan ser cuidadas (les previenen constantemente de las amenazas externas) y ser corregidas para aprender cómo tienen que comportarse (continuamente les dicen que tengan cuidado). Y lo peor de todo es que, aunque tú no eduques de esta manera a tus criaturas en tu casa, la sociedad en pleno lo hará por ti y, además, te convencerán de que las mujeres tenemos los mismos derechos y las mismas oportunidades. Y cuando crezcan, vivirán en un sistema que está organizado de esta manera. Esto es el patriarcado.

Roles sexuales

Dice Kate Millett[14] que hasta que no eduquemos a las niñas y los niños con paridad, en una sociedad no patriarcal, no podremos valorar realmente hasta qué punto existen diferencias biológicas entre ambos sexos.

Las diferencias biológicas existen, más allá de las diferencias físicas evidentes. No tengo ni idea del poder que tienen, y estoy segura de que esas diferencias no están tan generalizadas como se presupone (ni todas las niñas nacen siendo sumisas y tranquilas ni todos los niños nacen siendo

---

14. Millett, K. (1995). *Política sexual*. Madrid: Cátedra.

agresivos y movidos); sin embargo, también considero que las personas nacemos con determinadas inclinaciones y nos educan para fomentar unas y limitar otras. Y en ningún caso las diferencias biológicas que presuponemos para mujeres y hombres pueden condicionarnos para soportar las evidentes injusticias sociales, la opresión y la violencia. El género es una construcción social: somos mujeres como nos han contado que deben ser las mujeres. Y los hombres son como les han transmitido que deben ser los hombres. Y en esa transfusión de información, todas las personas hemos aprendido que estamos en una sociedad patriarcal en la que los hombres (como colectivo) dominan a las mujeres.

Shulamith Firestone[15] cuenta que la biología ha limitado bastante a las mujeres y que han estado subordinadas a su propio cuerpo debido a la menstruación (como dice Caitlin Moran,[16] hasta que se inventó la lavadora no pudimos hacer campaña por el voto femenino porque estábamos frotando y frotando), la menopausia, las molestias derivadas de estas, los dolores del parto, los amamantamientos, la crianza, los cuidados..., y esto las ha llevado a depender de los varones para salvaguardar su supervivencia. Según Firestone, esta diferenciación reproductiva condujo a la primera división laboral en los orígenes de las clases. Sin embargo, la humanidad no es solo una especie animal y, constantemente, se

---

15. Firestone, S. (1976). *La dialéctica del sexo*. Barcelona: Ediciones Kairós.
16. Moran, C. (2011). *Cómo ser mujer*. Barcelona: Anagrama.

enfrenta a su naturaleza. Por lo tanto, lo natural no es necesariamente lo humano. Una vez superadas las circunstancias biológicas, ya no debe perpetuarse la opresión. ¿O sí? El esencialismo justifica los estereotipos: ¿seguro que las mujeres, por naturaleza, somos menos fuertes que los hombres? ¿De verdad somos más sensibles? ¿De verdad tenemos más instinto maternal?

Elizabeth Badinter[17] va más allá en la construcción del género femenino y cuestiona la existencia del instinto maternal (quizás el instinto más primigenio adjudicado como algo inherente a las mujeres). Explica que el amor maternal es sencillamente un sentimiento humano y, como tal, es incierto, frágil e imperfecto. La historia está plagada de madres que viven su maternidad de una forma o de otra, y esta manera de vivirla está casi más ligada a las circunstancias sociales e históricas que a ese «instinto» primigenio. En el París del siglo XVIII de veintiún mil niños que nacían cada año, apenas mil eran criados por sus madres. Para explicar ese desinterés, Badinter desarrolla un interesantísimo ensayo en el que se postulan las teorías referentes a por qué durante dos siglos la conducta de las madres osciló entre la indiferencia y el rechazo. Por qué en esa época las madres eran tan desnaturalizadas y ahora estamos tan apegadas a nuestras criaturas. Ese sentimiento que parecía tan natural e intrínseco de las mujeres está comprobado que no lo es tanto.

17. Badinter, E. (1981). *¿Existe el amor maternal?* Barcelona: Paidós Ibérica.

Los estereotipos de género son modelos de conducta e ideas preconcebidas que se construyen socialmente sobre las niñas y niños. Definen cómo tienen que sentirse, cómo tienen que actuar, cómo tienen que vestirse, cómo tienen que pensar y cómo tienen que relacionarse las mujeres y los hombres. De esta forma, el rol de la mujer es complaciente, sensible, emocional, dedicado a las tareas domésticas, al cuidado de las personas y a trabajos históricamente femeninos relativos a los cuidados y la educación, con la ambición justa. El rol del hombre es fuerte, sin exteriorizar las emociones, agresivo, dominante, responsable del dinero que entra en el hogar y seguro de sí mismo. Todos estos clichés nos perjudican a ambos sexos, pero los estereotipos asignados a las mujeres generan, además, opresión e importantes desigualdades sociales.

Judith Butler[18] establece que las construcciones del género son muy variadas y que las personas, independientemente del sexo con el que nacen, desarrollan su construcción de este y del género de formas diversas. ¿Pero el sexo se puede construir? Definitivamente, no.

En la mayoría de los casos, las familias, el colegio y la sociedad educan a nuestras niñas desde que nacen para ser niñas y a nuestros niños para ser niños:

---

18. Butler, J. (2007). *El género en disputa*. Barcelona: Paidós Ibérica.

Princesas que se rebelan y príncipes que salen rana

NIÑAS	NIÑOS
Rosa, violeta, morado y colores claros.	Azul, colores pardos y oscuros.
Referentes de princesas, bailarinas y hadas.	Referentes de piratas, futbolistas y superhéroes.
Muñecas, cocinitas, casitas, escobas y recogedores.	Coches, camiones, aviones, construcciones, muñecos de superhéroes y pelotas.
Bicicletas, patinetes y patines rosas.	Bicicletas, *skates* y patines azules.
Frozen, Rapunzel, La Bella y la bestia, Winx y La doctora juguetes.	Cars, Power Rangers, Guardianes de la Galaxia, Trollhunters y Pokémon.
Maquillaje, tacones, faldas y melena.	Botas, pantalones y pelo corto.
Fiestas de cumpleaños en salones de belleza o temáticas de princesas, hadas y bailarinas.	Fiestas de cumpleaños jugando al fútbol o temáticas de superhéroes, piratas, indios y vaqueros.
Ayudar a cuidar, recoger, limpiar y cocinar.	Aprender mecánica, a limpiar el coche, a cambiar una bombilla o arreglar algo estropeado.
Bailar, patinar y gimnasia rítmica.	Fútbol, judo y *skate*.

¿De verdad sigues pensando que educamos igual a las niñas que a los niños? Y si eres consciente, ¿de verdad piensas que esa educación diferenciada no va a generar desigualdades sociales en un futuro?

Las referencias culturales que tienen las niñas a su alrededor están plagadas de estereotipos que no las ayudan a construir una identidad completa, no les dan opciones, por mucho que luego insistamos en decirles que pueden ser lo que quieran. A los niños les ocurre algo parecido, pero la diferencia reside en que ellos no van a padecer brecha salarial, acoso sexual, violaciones o agresiones por este motivo.

Feminismo, sí, gracias

En un ensayo[19] publicado en *Actualidades Investigativas en Educación*, explican que el proceso de socialización que se da en los primeros años escolares contribuye a la formación de la identidad social, específicamente el rol del género. El papel de la educación es fundamental para visibilizar las desigualdades existentes en la sociedad. El sexismo introduce desigualdad y jerarquización en el trato que reciben unas y otros: provoca consecuencias negativas (para ellas y ellos) porque limita sus posibilidades como personas y les niega determinados comportamientos, pero esto perjudica doblemente a las mujeres, ya que las sitúa en una posición de inferioridad y de dependencia. Esta organización en la construcción de las personalidades genera unas expectativas diferentes para niñas y niños. Por ejemplo: en educación se han considerado importantes materias como matemáticas, lengua o historia, pero no aprender a cuidar a un recién nacido ni preparar la comida, porque está considerado parte de los *conocimientos femeninos*. A los varones se los educa para manejar el poder, para que se orienten a la actividad científica, las matemáticas, la ingeniería o el derecho, y a ellas para que desarrollen los roles domésticos, áreas de letras y humanidades o ciencias como odontología y medicina. Lo que es verdaderamente sangrante es que, incluso en esas áreas históricamente feminizadas, los puestos de responsabilidad

---

19. Castillo Sánchez, M., y Gamboa Araya, R. (2013). «La vinculación de la educación y género», *Actualidades Investigativas en educación*, vol. 13, n.º 1. Costa Rica: ACCEDES Publications.

los siguen ocupando los varones, como, por ejemplo, la dirección de los colegios.

Si una niña tiene como modelo a las princesas (chicas sumisas a las que solo las salva un príncipe azul), y de ahí pasa a las canciones pop donde el concepto del amor romántico está sobredimensionado, y durante toda su vida ha visto que su madre cuidaba de la familia mientras su padre veía el fútbol, no podremos pretender que, cuando sea adulta, tenga unas ambiciones personales y profesionales muy altas. Sin embargo, un niño cuyos juegos estaban relacionados con el fútbol (un deporte en el que los jugadores cobran astronómicas cantidades de dinero y sus partidos paralizan un país entero), los coches, los Transformers, los superhéroes, y de adolescente le gusta el *rock*, el porno, y durante toda su vida ha visto cómo su madre se dedicaba a los cuidados y a las tareas del hogar mientras su padre se ocupaba de traer el dinero a casa, lo más probable es que repita los mismos roles. Todo esto, si ni la niña ni el niño tienen la posibilidad de ver más allá.

En cualquier caso, pecaríamos de ilusas si pensáramos que todo esto no está organizado deliberadamente para perpetuar el sistema.

Juguetes y juegos

Los juguetes y los juegos entrenan a niñas y niños para ser mujeres y hombres de una forma determinada. Casi todas las mujeres tenemos el recuerdo de un juguete en nuestra infancia que no pudimos tener porque nuestro entorno lo consideró «para niños». También al revés, hay hombres que se quedaron con las ganas de disfrutar de una cocinita o de una Nancy. Yo recuerdo pedir el Autocross en la carta de los Reyes Magos durante años, y nunca me lo trajeron. Más tarde, mis padres se sorprendieron cuando casi tuvieron que obligarme a sacarme el carnet de conducir con dieciocho años porque yo no tenía ningún interés: mi madre quería que yo fuera libre y condujera, pero se le olvidó que para que yo incorporara esta actividad a mi cotidianidad quizás debería haberme comprado el Autocross cuando lo pedí.

Una amiga mía celebró una fiesta de cumpleaños infantil en su casa, y un niño se pasó tres horas jugando con la casa de muñecas de una de sus hijas. Cuando llegó su padre y lo vio, se acercó para decirle que no jugara con muñecas y lo dirigió hacia los camiones que había por el suelo: no sé si se dará el caso, pero ese padre no puede pretender que su hijo, cuando sea adulto, asuma la responsabilidad del hogar como propia.

La socióloga Elizabeth Sweet estudia la construcción del género a través de los juguetes de niñas y niños. En su tesis doctoral, y en su investigación posdoctoral, examinó la definición de género y los estereotipos de los juguetes de los niños y niñas durante el siglo XX: descubrió la relación que existe entre los juguetes y la desigualdad social de género. En sus artículos,[20] explica que, antes de la década de 1990, los

---

20. Sweet, E. (2014). «Toys Are More Divided by Gender Now Than They Were 50 Years Ago», *The Atlantic*. [Disponible en: <https://www.theatlantic.

Princesas que se rebelan y príncipes que salen rana

juguetes no estaban tan divididos por géneros con los colores rosa y azul. Desde la década de 1920 hasta la de 1960, los juguetes eran más neutros en colores, pero, a pesar de eso, las campañas publicitarias estaban sesgadamente dirigidas y fomentaban los juegos que desarrollaban roles domésticos para las niñas y juegos mecánicos, de coches y en ámbitos alejados del hogar para los niños. Está claro que, desde los años 20 a los años 60 del siglo xx, el machismo campaba a sus anchas.

Según explica su estudio, con el crecimiento de la economía de consumo y el capitalismo, las compañías de juguetes trabajaron para estimular su atractivo para niñas y niños. Empezaron a categorizar los juguetes por sexo y de esta forma las empresas de juguetes definían sus objetivos de manera más concreta. Además, esta categorización basada en estereotipos atrajo el interés de las criaturas para formar su propia identidad. En esa misma época, y a pesar del amplio apoyo que existía a la igualdad de género en la década de 1990, hubo un cambio en la comprensión cultural del género: se asumió la creencia de que mujeres y varones son diferentes (respaldada por libros como *Los hombres son de Marte y las mujeres de Venus*) y crecieron los estereotipos.

---

com/business/archive/2014/12/toys-are-more-divided-by-gender-now-than-they-were-50-years-ago/383556/>.]
Sweet, E. (2014). «How Did Toys Get Stereotyped by Sex?», *New York Times*. [Disponible en: <https://www.nytimes.com/roomfordebate/2014/12/22/why-should-toys-come-in-pink-and-blue/how-did-toys-get-stereotyped-by-sex>.]

Feminismo, sí, gracias

Hoy en día, los pasillos de las jugueterías refuerzan la idea de que el sexo es el determinante principal de los intereses y las habilidades de las personas.

Diferenciar juguetes tiene consecuencias: se especula con que una de las muchísimas causas del excesivo desarrollo de la violencia machista entre los adolescentes durante el siglo XXI puede ser una de las consecuencias directas de esta diferenciación de juguetes que se hizo a partir de la década de 1990.

Referencias culturales

La cultura popular es aquella que interpreta el mundo en el que vivimos: las obras creativas, la expresión artística nos muestra cómo entendemos el mundo las personas e instala en nuestro imaginario colectivo los clichés. Nuestras criaturas (y las personas) reciben estímulos de todo lo que las rodea y absolutamente todo lo que reciben las moldea de una forma determinada si son niñas y de otra forma si son niños. ¿Quieres saber cómo? En pleno siglo XXI es desolador visitar la sección de literatura infantil y juvenil en las librerías. Haz la prueba y entra en una librería con tus gafas violetas puestas: hasta los seis años predominan los álbumes ilustrados, un género especialmente neutro, en colores y contenidos, pero en el que sigue existiendo infrarrepresentación femenina. A partir de los seis o siete años, exceptuando editoriales que mantienen una línea de lectura neutra (Anaya, SM, Barco de Vapor, Loqueleo Santillana), el resto sucumbe a las colecciones de libros extremadamente sesgadas que inciden en las feminidades y masculinidades históricas: protagonistas femeninas preocupadas por su aspecto que tienen que resolver malentendidos con sus amigas y pensar en cómo seducir a los chicos o protagonistas masculinos que tienen la cabeza en el fútbol y en hacer gamberradas. Colores violetas y rosas con purpurina para las niñas, colores azules y oscuros para los niños.

Uno de los estudios más recientes sobre los estereotipos en la literatura infantil[21] se llevó a cabo en la Universidad de Florida: analizaron la representación de personajes femeninos y masculinos (niñas y niños, seres humanos o animales) en los títulos y personajes centrales de 5.618 libros infantiles publicados a lo largo del siglo XX en Estados Unidos.

Concluyeron que, en comparación con los personajes femeninos, los personajes masculinos se representan casi dos veces más en títulos y 1,6 veces más en los personajes centrales. En ninguna serie de libros, ni ganadores de premios importantes como Caldecott o Little Golden Books ni en los catálogos, las mujeres o las niñas están representadas con más frecuencia que los hombres o los niños.

Cada uno de estos libros tenía al menos un personaje masculino, pero entre el 25 % y el 37 % no tenía ningún personaje femenino que hablara. Encontraron que los va-

---

21. McCabe, J.; Fairchild, E., y Grauerholz, L. (2011). «*Gender in Twentieth-Century Children's Books*», *Gender & Society*, vol. 25, nº 2, pp. 197-226. [Disponible en: <http://journals.sagepub.com/doi/abs/10.1177/0891243211398358?journalCode=gasa>.]

rones son los personajes centrales en el 57 % de los libros infantiles y los animales machos son los personajes centrales en el 23 %. Por otro lado, los personajes femeninos están representados en un 37 % y las hembras protagonizan el 7,5 % de las historias. Al examinar muchos tipos de libros a través de un período de tiempo tan largo, les enseñó que el cambio hacia la igualdad no ha sido lineal y está completamente ligado a los patrones de activismo feminista: en la época que va de 1920 a 1960, un período entre dos olas del feminismo, aparecían libros con desigualdades más evidentes que en las etapas anterior y posterior.

Esto nos demuestra dos cosas: que en el momento en que los movimientos feministas se relajan, hay un verdadero retroceso, y que las representaciones de sexo diferenciado, en cualquier medio, reproducen y legitiman los sistemas de desigualdad.

Si tenemos en cuenta el cine y la televisión, echa un vistazo a la cartelera y las series: la mayoría de los productos de entretenimiento están completamente diferenciados: las niñas ven *Doctora Juguetes*, *La princesa Sofía*, *Masha y el Oso*, *Los osos amorosos*, *Barbie*, *Ballerina* y *La Bella y la Bestia*. Los niños ven *Cars*, *Guardianes de la Galaxia*, *Invizimals*, *Bob el constructor* y *Mike el caballero*. Las películas dirigidas a ambos sexos tienen argumentos que hacen claras diferenciaciones: en *Trolls* el personaje femenino, Poppy, es incapaz de solucionar el problema ella sola y necesita de un personaje masculino, Branch, para completarlo. Además, aunque se

Princesas que se rebelan y príncipes que salen rana

ha llevado mal con él todo el tiempo, al final de la película acaban enamorados. En *Zootrópolis* ocurre lo mismo: la protagonista, Judy, no es capaz de solucionar por ella misma el conflicto y necesita una pareja masculina, Nick, para que lo haga.

La publicidad es otro lugar en el que nuestras criaturas aprenden cómo ser niñas y niños: las campañas de juguetes hacen claras diferenciaciones entre unos juegos y otros, en los que las niñas juegan con muñecas bebés, Barbies, cocinitas y peluquería, mientras que los niños juegan con superhéroes, coches, barcos piratas y equipos de exploradores. En la publicidad adulta ocurre exactamente lo mismo: las mujeres son las que limpian, cuidan y hacen esfuerzos por estar bellas, mientras que los hombres conducen, viven aventuras y son los cabeza de familia. Si las campañas publicitarias se encargan de vendernos productos que no necesitamos, ¿de verdad piensas que la imagen que dan de niñas, niños, mujeres y hombres no nos la están vendiendo también?

A través de la publicidad, la literatura, el cine y la televisión estamos transmitiendo a las futuras generaciones dos escenarios completamente diferentes, uno para las chicas y otro para los chicos: ellas viven en un mundo en el que se ocupan de los cuidados, de estar guapas y de gustar a los chicos, y van a ser ellos los que se ocupen de solucionar el mundo como buenos superhéroes, ayudándolas a ellas a conseguir sus objetivos.

Ciencia, Tecnología, Ingeniería y Matemáticas (STEM)

¿Por qué, aunque en las universidades hay un 54 % más de estudiantes femeninas, y estas obtienen mejores notas tanto en grados como en másteres,[22] en las carreras STEM son minoría?

En un estudio[23] sobre estereotipos se demostró que la sociedad percibe que las mujeres no tienen las cualidades necesarias para ser científicas exitosas y que esto contribuye a alimentar la discriminación y el prejuicio contra las científicas. De nuevo, la culpa de todo esto la tienen los roles sexuales: las personas asocian a los hombres los estereotipos que definen a los científicos; sin embargo, los estereotipos que se asocian a las mujeres no se asemejan y, por este motivo, la sociedad asume que una mujer es menos probable que sea científica. Otro estudio,[24] que corrobora el anterior, explica, además, que, aparte de los medios de comunicación y el entorno social, estos estereotipos también se transmiten en la educación. Analizaron el lenguaje y los recursos utilizados en primaria y concluyeron que había más hombres que

---

22. Ministerio de Educación, Cultura y Deporte. (2016). *Datos y cifras del sistema universitario español. Curso 2015/2016.* [Disponible en: <https://sede.educacion.gob.es/publiventa/datos-y-cifras-del-sistema-universitario-espanol-curso-20152016/estadisticas-universidad-espana/21461>.]

23. Carli, L. L.; Alawa, L., Zhao, B.; Kim, E., y Lee, Y. (2016). «Stereotypes About Gender and Science», *Psychology of Women Quarterly*, vol. 40, n.º 2, pp. 244-260. [Disponible en: <http://journals.sagepub.com/doi/abs/10.1177/0361684315622645>.]

24. Kerkhoven, A.; Russo, P.; Land-Zandstra, A. M.; Saxena, A., y Rodenburg, F. J. (2016). «Gender stereotypes in Science Education Resources: A Visual Content Analysis», *PloS One*, vol. 11, n.º 11. [Disponible en: <https://www.ncbi.nlm.nih.gov/pubmed/27851759>.]

mujeres representados en una profesión de ciencias y más mujeres que hombres representadas como profesoras. También demostraron que hay una representación estereotipada de hombres y mujeres en los recursos educativos. Insisten en que, incluso si la representación estereotipada de hombres y mujeres es un verdadero reflejo de la distribución por sexo en la ciencia, debemos aspirar a una representación más equilibrada. Ese equilibrio es un primer paso esencial para mostrar a niñas y niños que tanto mujeres como hombres pueden hacer ciencia para contribuir a que los campos de la ciencia y la tecnología sean más equilibrados en función del sexo.

Las razones subyacentes de este desequilibrio son complejas, pero la investigación sugiere que la asunción de los estereotipos desde edades tempranas afecta a las decisiones que las mujeres toman con respecto a hacer o no una carrera STEM.

Y no es un sentimiento único de las mujeres, ya que los hombres infravaloran a las mujeres en las carreras universitarias STEM y las subestiman con respecto a otros hombres: para ser valoradas igual que a un varón deben obtener notas más altas que ellos.[25] Como ves, doble esfuerzo para ser consideradas iguales.

La sociedad nos transmite estos roles y los asumimos como propios, incluidos los estereotipos asignados a nuestra

---

25. Grunspan, D.; Eddy, S.; Brownell, S.; Wiggins, B.; Crowe, A., y Goodreau, S. (2016). «Males Under-Estimate Academic Performance of Their Female Peers in Undergraduate Biology Classroom», *PloS One*, vol. 11, n.º 2. [Disponible en: <https://www.ncbi.nlm.nih.gov/pmc/articles/PMC4749286/>.]

imagen: es muy revelador otro estudio[26] en el que concluyeron que el aspecto femenino disminuye la probabilidad de ser percibida como científica y aumenta la probabilidad de ser percibida como educadora infantil. Estamos de acuerdo en que no hay absolutamente nada de malo en ser una educadora infantil, pero estos estereotipos impiden a muchas niñas desarrollarse con libertad.

Las niñas se sienten menos inteligentes que los niños
Tengo una pareja de amigos en la que los dos son profesores: él de instituto y ella de universidad. Un día, mi hija mayor, que tenía entonces unos seis años y a la que yo creía educar en el feminismo, me dijo: «Mamá, me parece raro que la profesora de universidad sea ella y no él, creo que debería ser al revés». Me quedé de piedra, porque en esa conversación fui consciente de que mi pequeña de seis años asumía, erróneamente, que las mujeres somos menos inteligentes que los hombres y no podemos aspirar a puestos superiores. ¿De dónde había sacado mi hija esas conclusiones?

La anécdota que te acabo de contar se corroboró en 2017, cuando se realizó un estudio[27] en el que se demostró que las

---

26. Banchefsky, S.; Westfall, J.; Park, B., y Judd, C. (2016). «But You Don't Look Like A Scientist!: Women Scientists with Feminine Appearance are Deemed Less Likely to be Scientists», *Sex Roles*, vol. 75, n.º 3-4, pp. 95-109.
27. Bian, L.; Leslie, S., y Cimpian, A. (2017). «Gender stereotypes about intellectual ability emerge early and influence children's interests», *Science*, vol. 355, n.º 6.323, pp. 389-391. [Disponible en: <http://science.sciencemag.org/content/355/6323/389>.]

niñas, a partir de los seis años, se sienten menos inteligentes que los niños. Parece ser que, hasta los cinco años, las niñas no perciben grandes diferencias entre los niños y las niñas, pero a partir de los seis algo ocurre para que las niñas cataloguen a más niños como «especialmente inteligentes». El estudio incide en que hay muchas menos probabilidades de que las propias niñas cataloguen de esta forma a otras niñas. Aseguran, incluso, que las niñas a esa edad ya empiezan a evitar actividades destinadas a los niños *especialmente inteligentes*. Lo que este estudio constata es que los estereotipos que se construyen alrededor del sexo masculino están asociados a mayores habilidades intelectuales, como la brillantez o la genialidad.

Así que, aunque durante muchos años, y de media, las niñas destacarán más que los niños en los estudios, estos estereotipos las desalentarán a la hora de elegir carrera y profesión en un futuro. Sin embargo, esto no solo influye en la elección de carrera y profesión: considerarse menos inteligente es considerarse inferior y afecta a todas las esferas de la vida.

En este momento es cuando somos verdaderamente conscientes de que la construcción de los roles sexuales es muy temprana y que los *inofensivos* estereotipos que las niñas asumen antes de los seis años las condicionarán el resto de su vida.

Suelo ir a nadar un par de días a la semana con mi mejor amiga. En su momento hicimos un curso intensivo de natación para aprender técnica y nadar correctamente, y así

Feminismo, sí, gracias

aguantar más a un ritmo constante. Al principio, después de cuatro largos estábamos exhaustas, pero poco a poco fuimos adquiriendo fondo. Acabamos haciendo una media bastante aceptable, pero nos instalamos en el carril lento, conscientes de que estábamos empezando. Aunque adelantábamos a los nadadores en este carril, ingenuamente considerábamos que eso era más o menos normal, porque, precisamente, los nadadores que estaban en ese momento eran especialmente lentos, aunque esto ocurriera un día detrás de otro. Hasta que nos percatamos de que adelantábamos también a los nadadores de las calles de al lado. Ahí nos dimos cuenta de que las mujeres, por sistema, nos infravaloramos. Los nadadores del carril medio no eran más rápidos que nosotras, sencillamente eran hombres y, seguramente, eran conscientes de sus capacidades reales. Nosotras, sin embargo, considerábamos que no estábamos preparadas para cambiar de carril porque, total, estábamos empezando y no teníamos ninguna ambición. Darnos cuenta de este detalle nos hizo replantearnos nuestra percepción de la realidad.

Esto representa cómo nos sentimos muchas mujeres a lo largo del día y de la vida. Nuestro entorno nos hace sentir que somos menos. Desde que nacemos, nos bombardean con estereotipos que nos insinúan que somos ciudadanas de segunda fila y crecemos sin referentes femeninos en los que inspirarnos para avanzar de verdad. Nuestros referentes son mujeres abnegadas y obedientes, mujeres que están en un segundo plano o que quieren destacar, pero a las que las oprime el techo de cristal. Y esto no se dirige exclusivamente al entorno laboral, la percepción se extiende a todas las esferas de nuestras vidas y se llama síndrome de la impostora. Este síndrome consiste en que algunas mujeres creemos que somos un fraude si conseguimos algún tipo de logro, que no merecemos haber llegado a un puesto de responsabilidad, no merecemos ningún tipo de reconocimiento y, si lo hemos conseguido, ha sido gracias a la suerte y no a méritos propios.

Infrarrepresentación e invisibilización

La discriminación de las mujeres se ha dado de formas muy diversas. A pesar de que las mujeres han hecho importantes aportaciones a la ciencia, la tecnología y las humanidades, han sido los varones los que han escrito la historia, y esos valores patriarcales dominantes nos han hecho creer que apenas hemos intervenido en nada.

Tenemos ejemplos reales de mujeres cuyo trabajo ha sido, literalmente, robado por los hombres que estaban a su alrededor. O mujeres que han sido pioneras en algo y la historia se ha encargado de eliminarlas. A día de hoy, y de forma cotidiana, esto se da en muchos trabajos, en los que los logros femeninos son atribuidos a hombres y otros logros pasan desapercibidos. Como no podía ser menos, la historia está plagada de esto:

Feminismo, sí, gracias

ALGUNOS TRABAJOS ROBADOS A LAS MUJERES POR LOS HOMBRES			
AÑO	QUIÉN	QUÉ HIZO	QUIÉN SE LO ROBÓ
Siglo XVII	Artemisia Gentileschi (pintora barroca)	Fue la primera mujer en conseguir entrar en la Academia de Bellas Artes de Florencia.	Además de ser violada, tuvo que aguantar la indiferencia por ser mujer y pasó por la humillación de que muchos de sus cuadros fueran atribuidos a su padre o a otros artistas varones.
1911	Tatiana Afanasyeva (física) y Paul Ehrenfest	Trabajos sobre los fundamentos de la física estadística.	El mérito se lo llevó Paul Ehrenfest (su marido).
1934	Frieda Robscheit-Robbins (patóloga) y George Hoyt Whipple	Descubrieron la cura para la anemia perniciosa.	El premio Nobel de Medicina se lo dieron solo a él, George Hoyt Whipple, que, consciente de la injusticia, repartió el dinero del premio con ella y otras dos colaboradoras.
1944	Lise Meitner (química) y Otto Hahn	Consiguieron la fisión nuclear tras un experimento.	El premio Nobel se lo dieron a Otto Hahn.
1947	Gerty Cori (fisióloga)	Obtuvo el premio Nobel de Ciencias.	Pero las universidades ofrecieron trabajo a su marido, Carl Cori, con el que trabajaba, y se negaron a contratarla a ella.
1974	Jocelyn Bell	Descubrió los pulsares mientras hacía su tesis doctoral.	El premio Nobel por ese descubrimiento se lo dieron al director de su tesis, Antony Hewish.

Princesas que se rebelan y príncipes que salen rana

ALGUNOS TRABAJOS ROBADOS A LAS MUJERES POR LOS HOMBRES			
AÑO	QUIÉN	QUÉ HIZO	QUIÉN SE LO ROBÓ
1976	Sau Lan Wu (física) y Samuel Ting	Descubrieron una partícula subatómica.	Samuel Ting recibió el premio Nobel de Física.
1985	Isabella Helen Lugoski (química) y su marido	Desarrolló una serie de técnicas para determinar la estructura tridimensional de moléculas por cristalografía de rayos X.	El premio Nobel de Química se lo dieron a su esposo y a su colaborador, Herbert A. Hauptman.

ALGUNAS MUJERES QUE HAN SIDO INVISIBILIZADAS EN LA HISTORIA		
AÑO	QUIÉN	QUÉ HIZO
Siglo IX	Fatima al-Fihri	Fundó la primera institución de educación superior del mundo, la Universidad de Qarawiyyin, en Fez, Marruecos.
Siglo XVI-XVII	Barbara Longhi (pintora renacentista)	Su obra está expuesta en la Galería Nacional de Bolonia, el Museo del Louvre, la Pinacoteca de Rávena, el Museo Nacional de Arte de Bucarest y la Galería de Dresde.
Siglo XVII	Sofonisba Anguissola (pintora renacentista)	Tiene obra expuesta en el Museo del Prado, pero apenas se trabaja en los libros de texto.
Siglo XIX	Alice Guy (cineasta)	Inventó la narración cinematográfica. Ella fue la primera persona que escribió y dirigió películas de ficción con sonidos, tintes de color y efectos especiales. Sin embargo, fue Georges Méliès quien pasó a la historia.
Siglo XIX	Nettie Stevens (genetista)	Descubrió que el sexo de un ser vivo depende de un cromosoma concreto.

Feminismo, sí, gracias

ALGUNAS MUJERES QUE HAN SIDO INVISIBILIZADAS EN LA HISTORIA		
AÑO	QUIÉN	QUÉ HIZO
Siglo xix	Augusta Ada Byron, conocida como Ada Lovelace (matemática)	Creó el primer algoritmo para ser procesado por una máquina, lo que la convierte en pionera en programación informática.
1881	Fanny Hesse (microbióloga)	Junto a su marido, Walther Hesse, fueron fundamentales en el desarrollo del agar como un medio para el cultivo de microorganismos.
1891	Agnes Pockels (química)	Inventora del método cuantitativo para medir la tensión superficial.
1945	Chien-Shiung Wu (física)	Participó en el desarrollo de la bomba atómica, en el Proyecto Manhattan. Sin embargo, apenas se la nombra.
1950	Esther Lederberg (microbióloga)	Condujo investigaciones pioneras en el campo de la genética.
1950	Rosalind Franklin (genetista)	Descubrió el ADN.
1960	Joyce Jacobson Kaufman (química)	Introdujo el concepto de topología conformacional y lo aplicó a las moléculas biomédicas.
1970	Mary Wynne Warner (matemática)	Una de las pioneras en la topología algebraica.
1971	Erna Schneider Hoover (matemática)	Inventó un método de conmutación telefónica computarizada y revolucionó la comunicación actual.

ALGUNAS MUJERES QUE SE HICIERON PASAR POR HOMBRES PARA PODER SER VISIBILIZADAS		
AÑO	QUIÉN	QUÉ HIZO
1809	Margaret Ann Bulkley	Se hizo pasar por James Barry para estudiar medicina y ejercer como médica.
1849	Cecilia Böhl de Faber	Firmó sus libros como Fernán Caballero.

Princesas que se rebelan y príncipes que salen rana

ALGUNAS MUJERES QUE SE HICIERON PASAR POR HOMBRES PARA PODER SER VISIBILIZADAS		
AÑO	QUIÉN	QUÉ HIZO
1859	Mary Anne Evans	Firmó los suyos como George Eliot.
1914	Dorothy Lawrence	Periodista, se hizo pasar por Denis Smith y se alistó como soldado en la Primera Guerra Mundial.
1938	Karen Blixen	Publicó *Memorias de África* bajo el pseudónimo de Isak Dinesen.
1940	Dorothy Lucille Tipton	Pianista de *jazz* y saxofonista que se hizo pasar por hombre, Billy Tipton, para poder tocar y grabar discos.
Hasta la actualidad	Vírgenes juradas	Son mujeres que viven en el norte de Albania y que deciden optar por un rol sexual masculino para evitar casamientos y tener acceso a los privilegios de plena ciudadanía de los varones.

Astrónomas, físicas, biólogas, inventoras, investigadoras, pintoras, escritoras, cineastas, militares..., la historia está repleta de mujeres que apenas se nombran en los libros de texto, ni en los colegios, ni en las universidades ni en los centros científicos. Mujeres que han tenido que esconder su sexo, mujeres que han tenido que ver cómo otros hombres se han apropiado de sus logros. Hasta hace poco éramos *la mujer detrás del gran hombre,* y el número de mujeres que han pasado a la historia es anecdótico: a pesar de que han sido pioneras en muchos campos, se las ha silenciado y se les han usurpado su trabajo y sus éxitos. Se las ha borrado de la historia.

Sin embargo, esto no es algo del pasado y continúa ocurriendo en la actualidad: cuando Rafa Nadal ganó su décimo

Roland Garros, todos los medios lo aplaudieron porque había hecho historia. Nadie se acordó de Margaret Court, una tenista que había ganado once veces este premio. Tampoco nadie se enteró cuando un equipo de fútbol femenino ganó la Liga de Segunda infantil masculina en Lleida. Si lees los artículos periodísticos durante los Juegos Olímpicos de Río de Janeiro en 2016, es posible que te escandalices con los titulares que se les dedicaban a las medallistas. En la actualidad, tenemos el caso de J. K. Rowling, la autora de *Harry Potter*, a la que le aconsejaron que firmara las novelas con sus iniciales para esconder que era una mujer, igual que a S. E. Hinton, la autora de *Rebeldes*, que escondió también su sexo detrás de unas siglas. Las obras *anónimas* muchas veces escondían la identidad de una mujer. Si echas un vistazo a los carteles de los festivales de música, de cualquier tipo, comprobarás que apenas hay representación femenina en los grupos que tocan.

En pleno siglo XXI te animo a que hagas una lista con dos columnas, una de mujeres y otra de hombres, y escribas de memoria científicas y científicos que conozcas. Inventoras e inventores. Bailarinas y bailarines. Cocineras y cocineros. Pintoras y pintores. Escritoras y escritores. Arquitectas y arquitectos. Empresarias y empresarios. Grupos musicales con chicas y grupos musicales con chicos. Estoy segura de que la columna de las mujeres va a estar mucho más vacía. Si tenemos en cuenta que somos la mitad de la población, esta infrarrepresentación es, cuanto menos, sospechosa.

Cómo ocupan los varones el espacio

Creemos que el espacio nos pertenece a todas y a todos, ya que, en principio, excepto los cuartos de baño diferenciados, en la teoría, el resto de los espacios nos pertenecen por igual a los dos sexos. ¿Sí? ¿Seguro? Cada persona tiene un espacio personal imaginario, un espacio común y un espacio que pertenece a otras personas. Según las normas sociales, las personas debemos movernos en nuestro espacio vital y de forma controlada invadir los espacios comunes, pero evitar invadir el espacio de otras personas, excepto en circunstancias especiales. Seguro que muchas veces has llegado a una sala de reuniones y un hombre ha ocupado una silla con su abrigo, otra con él mismo y la mesa con su ordenador y sus papeles mucho más allá del espacio personal que le correspondería. Se dice que las personas somos territoriales y por eso nos expandimos ocupando espacios ajenos. Sin embargo, hemos visto que características que pueden ser genéticas se pueden educar, así que vamos a precisar exactamente quién invade esos espacios.

Marina Subirats y Amparo Tomé hacen referencia a esto en su libro *Balones fuera. Reconstruir los espacios desde la coeducación*; realizaron una serie de experimentos en un centro docente mixto para valorar cómo ocupan los espacios las niñas y los niños.

Primero pusieron a trabajar a niñas y niños en mesas. Para realizar el experimento, grabaron en vídeo durante un tiempo determinado cada mesa y comprobaron que, al principio, todo se desarrollaba sin nada reseñable, niñas y niños compartían el espacio igualmente, pero poco a poco, en todos los casos, a medida que pasaba el tiempo, los varones empezaban a ocupar el espacio de las niñas. Las investigadoras habían trazado líneas imaginarias del espacio que les correspondía a unas y otros y, en todos los casos, los niños invadían espacios ajenos y las niñas cedían espacios propios.

Con este experimento, comprobaron también (armadas con cronómetros) que el espacio sonoro era invadido por los niños por encima de las niñas. Obviamente, no todos los niños gritan ni todas las niñas susurran, pero el porcentaje de niños que sobresalían todas las veces que realizaron el experimento (con niñas y niños de edades diversas y en escenarios diversos) hizo que concluyeran ampliamente que el espacio sonoro era invadido mucho más por la parte masculina que por la femenina.

Ampliaron el experimento de la mesa al aula con un esquema para valorar cómo ocupaban ese espacio niñas y niños. El resultado fue el que esperamos: los niños ocupan mucho más espacio que las niñas, se mueven más ampliamente por toda el aula, la ocupan, la llenan, quieren apropiársela. Se mueven de una punta a la otra de la sala. Las niñas, sin embargo, se mueven directamente hacia donde es necesario y regresan a su sitio.

Realizaron el mismo experimento en el patio y las conclusiones fueron sobrecogedoras. El patio es el único espacio del colegio donde niñas y niños se expresan con libertad, y se pueden observar de forma más objetiva las relaciones inter-

Princesas que se rebelan y príncipes que salen rana

personales. Concluyeron que el sexismo y las desigualdades son mucho más evidentes: ni el espacio ni los recursos están repartidos de forma equitativa. Con respecto al espacio del patio, según el análisis de Subirats y Tomé (y si te acercas a un patio escolar podrás comprobarlo con tus propios ojos), hay evidentes desproporciones e injusticias:

- En los patios donde hay campos de deportes, las niñas ocupan los laterales y los niños el espacio central.
- Esta desproporción se incrementa con la edad. En etapas tempranas, el reparto del espacio y los juegos es más igualitario y, a medida que las criaturas van creciendo, esta división se hace cada vez más evidente. En los cursos superiores, es muy normal ver a muchos niños jugando con el balón en el centro y en una esquina a las niñas a la goma. Lo más inquietante es que los niños llegan a apropiarse también del espacio en el que las niñas juegan a la goma y ellas ceden de forma sumisa, asumiendo que efectivamente ese espacio no les corresponde. Finalmente, a medida que los cursos son más altos, las chicas habrán renunciado completamente a cualquier espacio y pasarán la hora del patio hablando apoyadas en la barandilla, mientras los chicos ocupan todo el patio para jugar al balón.
- Las niñas tienden a automarginarse y por eso no participan de determinados juegos con los niños.
- Los juegos están marcadamente diferenciados por sexos y, además, tienen distinto valor institucional y social: el fútbol es un deporte que socialmente tiene más entidad

que hacer el pino puente. Las madres y, sobre todo, los padres se involucran más en ese juego, los fines de semana tienen campeonatos y toda la familia va a ver al niño jugar, incluso fuera de la propia extraescolar el padre puede dedicar horas al niño y jugar. Sin embargo, las niñas pueden saltar a la comba, hacer el pino o correr, pero son actividades secundarias que no tienen la importancia del fútbol o el deporte elegido por el niño.

Podrás pensar que es porque los juegos de los niños requieren más amplitud. Efectivamente, para jugar al fútbol se necesita un campo y para hacer el pino nos vale una pared. Pero ¿por qué unos juegan al fútbol y otras hacen el pino?

No es algo genético, los varones no necesitan biológicamente más espacio ni jugar al fútbol, no nacen con esa necesidad. Tampoco necesitan hacer más deporte y moverse más (mis hijas también necesitan hacer deporte y se pasan el día haciendo el pino, el pino puente, la voltereta lateral, saltando en una cama elástica o corriendo). Es un constructo social del género: desde que nacen, les dan un cursillo acelerado (juguetes y juegos diferentes, colores diferentes, comentarios diferentes, referentes diferentes, educación diferente) para que interactúen de forma determinada y sean conscientes de que todo, incluido el espacio, les pertenece a ellos, y tienen más derechos sobre él. ¿Recuerdas cuando se podía fumar en todos sitios? Las personas que fumaban ocupaban todo el espacio, daba igual si molestaban a los no fumadores, el espacio era suyo y pocas personas eran conscientes de ello. Desde que la ley prohibió fumar en lugares públicos, las personas están mucho más concienciadas y en este momento a muchas les parece una aberración que pudiera ser de otra forma en el pasado. Hay ocasiones en las que las personas no somos conscientes del espacio, lo que representa y cómo lo ocupamos hasta que nos percatamos de quién se lo está adueñando.

En el mundo adulto, lo que te he contado sobre la invasión de espacios por parte de los varones se llama *manspreading*, *mansplaning* y *manterrupting*. Estos términos han sido usados por teóricas feministas en diferentes medios para explicar cómo los varones se apropian del espacio de las mujeres: el espacio físico, el espacio verbal y el espacio del conocimiento.

El *manspreading* es la apropiación, por parte de los hombres, del espacio físico ajeno, por ejemplo, sentados con las piernas abiertas ocupando el espacio de la mujer que tienen al lado. El metro de Nueva York hizo una campaña contra este hecho pidiendo a los varones que no ocuparan espacios ajenos, que se extendió a Japón, Australia y Madrid. Ya sabemos de dónde aprenden este comportamiento: desde la infancia han asumido que los espacios son suyos (recordemos la mesa de trabajo o el patio del colegio) y pueden utilizarlos, usurpando incluso el de las mujeres.

El *mansplaning* lo evidenció perfectamente la escritora Rebecca Solnit en su libro *Los hombres me explican cosas*. El exceso de confianza en ellos mismos y la ignorancia lleva a muchos hombres a explicar a las mujeres asuntos que ellas conocen mucho mejor. Solnit explica cómo mujeres especialistas en un tema son silenciadas en conversaciones por hombres que apenas saben del asunto, pero que usurpan su espacio y ningunean sus conocimientos. Ella misma ha tenido que observar, en silencio, cómo hombres le daban lecciones sobre temas en los que era especialista, e incluso citaban el propio libro de Solnit como fuente sin saber que era ella misma.

El *manterrupting* es un término acuñado en el estudio *Why Women Stay Quiet at Work*, de Sheryl Sandberg y Adam Grant, en el que constataron que los hombres interrumpen más, e interrumpen más, sobre todo, a las mujeres. Esto genera, obviamente, que las mujeres intervengan menos en espacios sociales reservados a los hombres, como puestos de responsabilidad en el trabajo, la política o lugares de poder, entre otras muchas cosas.

Injusticias que se cometen hacia las niñas y las mujeres en el mundo

La situación de niñas y mujeres en el mundo sigue siendo injusta y claramente desfavorecida.

Te dejo unos datos generales de la mujer en el mundo según Unicef, Amnistía Internacional, Eurostat y ONU Mujeres para situarte.

Princesas que se rebelan y príncipes que salen rana

De los 875 millones de personas analfabetas que hay en el mundo, dos de cada tres son mujeres.
La mitad de las niñas que viven en países en desarrollo (excepto China) estarán casadas cuando cumplan 20 años.
En el mundo, una de cada tres mujeres ha sobrevivido a alguna forma de violencia machista, muy frecuentemente por parte de alguien de su propia familia.   En Europa, una de cada cinco mujeres ha sufrido violencia en el ámbito doméstico.
Cerca de un tercio de todos los adultos que viven con el VIH/sida tienen menos de 25 años y dos terceras partes son mujeres.
En el África subsahariana las niñas se contagian de VIH/sida antes y más rápidamente que los niños. Entre los 15 y los 24 años, hay dos chicas infectadas por cada chico.
Las niñas de entre 13 y 18 años de edad constituyen el grupo más numeroso en la industria del sexo. Se calcula que cerca de 500.000 niñas de menos de 18 años son víctimas de tráfico sexual cada año.
La mutilación genital femenina afecta a 130 millones de niñas y mujeres en todo el mundo y pone en riesgo a 2 millones cada año.
Alrededor del 39 % de la población vive en países en los que el aborto está completamente prohibido o se permite solo cuando la vida o la salud de la mujer están en peligro.
Se encarcela durante años a mujeres que sufren abortos espontáneos. Ha ocurrido en El Salvador, Nicaragua y Estados Unidos.
Los grupos feministas tuvieron que luchar durante casi todo el siglo pasado para conseguir que se reconociera por ley el delito de violación conyugal. Finalmente, en 1993, la ONU lo declaró una violación de derechos humanos. Sin embargo, en algunos países, las relaciones sexuales todavía se consideran un deber marital.
Se sigue obligando a las niñas a contraer matrimonio por la fuerza. Más de 700 millones de mujeres vivas actualmente estaban casadas antes de cumplir los 18 años, y aproximadamente una de cada tres, antes de los 15.
En algunas culturas, la preferencia por los niños tiene como consecuencia la selección prenatal del sexo y el infanticidio de niñas.
1.400 mujeres mueren cada día por causas relacionadas con el embarazo, el 99 % en países en desarrollo.
En el África subsahariana, una mujer tiene 1 posibilidad entre 3 de morir al dar a luz. En los países industrializados, el riesgo es de 1 por cada 4.085.

Feminismo, sí, gracias

> Las muertes obstétricas directas constituyen cerca del 75 % de todas las muertes derivadas de la maternidad en los países en desarrollo.
>
> Los conflictos bélicos o los desastres naturales ponen a las mujeres en riesgo de sufrir actos de violencia y abusos sexuales extremos.
>
> El acoso sexual es una realidad diaria para las mujeres de todo el mundo. Según Eurostat, una de cada dos mujeres dijeron haber sido sometidas a alguna forma de acoso sexual en Europa. Un estudio de la ONU ha revelado que el 43 % de las jóvenes de Londres (Reino Unido) ha vivido situaciones de acoso en la calle. En Port Moresby (Papúa Nueva Guinea), la ONU concluyó que el 90 % de las mujeres y las niñas había sufrido alguna forma de violencia sexual.
>
> Todavía existen países, como Arabia Saudí, donde las mujeres no tienen cubiertos los derechos básicos de ciudadanía: no pueden ser atendidas por médicos varones, no pueden estudiar (por lo que en breve no habrá médicas para atenderlas) y no pueden salir a la calle solas, ni tener una cuenta en un banco ni conducir, entre otras muchas cosas.

En los países occidentales, la medicina está muy avanzada y controla multitud de enfermedades. Sin embargo, hay muchas que no se han estudiado lo suficiente y da la casualidad de que esas enfermedades poco estudiadas suelen ser típicas de la mujer: la hiperémesis gravídica es una enfermedad que afecta a las embarazadas y que consiste en vómitos y mareos constantes. No son simplemente náuseas matutinas, se trata de una enfermedad real que la sociedad es incapaz de apreciar y que padecen del 0,3 al 2,3 %[28] de las embarazadas; las mujeres que la padecen se sienten realmente incomprendidas, ya que la gente que las rodea (incluidos muchos médicos) creen que son unas exageradas que sufren por unas sim-

---

28. Wegrzyniak, L.; Repke, J., y Ural, S. (2012). «Treatment of Hyperemesis Gravidarum», *Reviews in Obstetrics and Gynecology*, vol. 5, n.º 2, pp. 78-84. [Disponible en: <https://www.ncbi.nlm.nih.gov/pmc/articles/PMC3410506/>.]

ples náuseas. La endometriosis es otra enfermedad que afecta al 10 % de las mujeres y, sin embargo, apenas se conoce ni se diagnostica correctamente. Las mujeres que la padecen sufren dolores muy fuertes y, a pesar de todo, apenas se ha investigado. La fibromialgia es otra enfermedad que afecta a los dos sexos, pero en mayor medida a las mujeres, hasta un 95 % de los diagnósticos son para ellas. Otra enfermedad silenciada y que no se investiga. Y estas son solo algunas de las enfermedades femeninas más incapacitantes, menos estudiadas y menos diagnosticadas.

Si, además, recordamos que la píldora masculina fue retirada del mercado porque tenía los mismos efectos secundarios que la píldora femenina, o que se ha elaborado una pastilla para solucionar la disfunción eréctil, destinada a un 1 % de los varones que sufren impotencia, podemos asegurar que en la medicina también soportamos grandes diferencias.

Injusticias que se cometen hacia las niñas y las mujeres en España

Sabemos que España es un país avanzado con respecto a los derechos que disfrutan las mujeres en la teoría; sin embargo, tenemos muchas desigualdades sociales evidentes que es imprescindible resolver. Algunas de ellas ni siquiera se perciben por parte de la sociedad, y es lo que llaman micromachismos —«micro» no porque sean machismos pequeños, sino porque las personas apenas los perciben—. Estos micromachismos se traducen en desigualdades tan inapreciables como que las y los docentes prestan mayor atención a los varones, les dan a ellos más la palabra en clase, señalan comportamientos diferentes entre ambos sexos en clase y las discriminan a ellas lingüísticamente.[29]

Nuestras niñas se enfrentan a estas desigualdades ya en el colegio, pero el recorrido que tienen que hacer a lo largo de toda su vida es una carrera de obstáculos en toda regla.

Virginia Woolf tenía toda la razón cuando decía que, para ser independientes, las mujeres necesitan dinero y un cuarto propio. Sería maravilloso un mundo en el que el trabajo no fuera la principal fuente de ingresos y de bienestar social de las personas, pero mientras ese día llega, tenemos que procurar que todas las personas que trabajan tengan las mismas oportunidades: muchas mujeres a mi alrededor se convirtieron en feministas cuando sufrieron en sus propias carnes la injusticia del patriarcado en el entorno laboral; aunque la mayoría había vivido el machismo en su casa de formas muy evidentes y diversas, en el que los varones no se levantaban del sofá y las mujeres hacían la comida, recogían la mesa, se ocupaban de todas las tareas del hogar y no se las tenía en cuenta a la hora de tomar decisiones, no fue hasta que llegaron al trabajo cuando fueron conscientes de las injusticias. Tengo una amiga que fue la directora de una importante revista en uno de los grupos mediáticos más influyentes de nuestro país. Me contó que el director

---

29. Castillo Sánchez, M., y Gamboa Araya, R. (2013). «La vinculación de la educación y género», *Actualidades investigativas en Educación*, vol. 13, n.º 1. Costa Rica: ACCEDES Publications.

general del medio y el subdirector la convocaron a una reunión con otras tres directoras del mismo medio para que les explicaran cómo habían conseguido una importante suma de dinero en un proyecto conjunto. Las cuatro directoras les expusieron cómo estaba saliendo el proyecto, y el director general se quedó literalmente traspuesto echando una cabezada en su silla con la cabeza echada para atrás y roncando ligeramente, mientras que el subdirector se dedicaba a dar vueltas en su silla giratoria, como si estuviera en un parque de atracciones, mientras fingía interés y les hacía preguntas entre vuelta y vuelta. Las cuatro directoras se quedaron de piedra, y mi amiga comprendió que ese comportamiento jamás lo hubieran tenido si ellas hubieran sido cuatro hombres directores. Otra amiga mía es directora de comunicación y *marketing* en una importante empresa de ámbito mundial. Dice haber estado en reuniones en las que los hombres se han dirigido exclusivamente a otros hombres, que, además, tenían cargos por debajo de ella. Solo al despedirse se han dirigido a ella para decirle que su secretaria contactaría con ella para pasarle el papeleo. Otra amiga mía, con tres hijos, que tiene un puesto en una empresa de moda en el que viaja continuamente, en el que cumple escrupulosamente su horario, incluso por encima del establecido, y que me ha confesado que en diez años solo salió un día antes de tiempo porque una de sus hijas tenía varicela, me contó que sus jefes constantemente hacen referencia a sus tres hijos para cualquier decisión que toman con respecto a su puesto y sus condiciones. Mi amiga se queja de que, efectivamente, tiene tres hijos, pero no los tiene debajo de la mesa y ni siquiera los menciona, ni cuando tiene que negociar. En este aspecto, muchas coinciden en que observan grandes diferencias a la hora de negociar condiciones de trabajo o propuestas dentro del entorno laboral; sienten que tienen que hacer el esfuerzo doble para que las escuchen con interés y sienten que, de forma generalizada, tienen que demostrar mucho más para que las tengan en cuenta. Estoy de acuerdo con que el trabajo no es necesariamente el campo imprescindible en el que las personas tienen que desarrollarse, cualquier esfera de la vida de una persona puede ser ese lugar donde dar el máximo y esperar el máximo, pero saber de antemano que las mujeres tenemos restringidos ciertos campos no ayuda a aumentar nuestras ambiciones personales.

Empleabilidad y brecha salarial

Cuando nació mi primera hija fui a una entrevista de trabajo en la que buscaban a una editora o editor para cubrir un puesto en una modernísima editorial de arte. Yo venía de otra editorial de arte donde desempeñaba un puesto similar, así que la entrevista iba más o menos bien con el coordinador que iba a ser mi jefe, hasta que llegó el director editorial. Lo primero que me preguntó fue si estaba casada y si tenía hijos. Un poco confusa, le contesté que tenía una hija, me preguntó su edad y le respondí que tenía un año. Entonces me dijo que el puesto de trabajo no encajaba conmigo porque buscaban a una persona dispuesta a quedarse hasta las nueve y media de la noche si era necesario. No me dio la opción de decirle si me interesaba igualmente (es posible que yo fuera una persona a la que no le interesaba tener vida propia, fuera con hija o sin ella), y ahí se acabó la entrevista. Tengo amigas a las que en entrevistas de trabajo les han preguntado si tenían intención de quedarse embarazadas en breve, otras a las que les han hecho la vida imposible al quedarse embarazadas o al pedir la reducción de jornada. El hecho de que ni las mujeres ni los hombres podamos conciliar una vida personal y una vida laboral dificulta muchísimo la vida cotidiana (y esto tiene más que ver con el sistema político y la legislación vigente que con otra cosa), pero generalmente suelen ser ellas las que hacen los grandes sacrificios y, a la larga, eso pasa factura. Me estoy encontrando con mujeres que se arrepienten *a posteriori* de esas renuncias, cuando se separan y descubren que su nivel económico es mucho más exiguo que el de su pareja debido a las decisiones que tomaron en su momento.

Las mujeres seguimos teniendo, entre otras, la losa de la maternidad cada vez que accedemos a un puesto, o cuando desempeñamos nuestro trabajo, y eso repercute muy negativamente en la imagen que proyectamos en la sociedad.

---

30. Comisión Europea http://ec.europa.eu/justice/gender-equality/files/gender_pay_gap/2016/gpg_country_factsheet_es_2016_es.pdf)

En España, la brecha salarial es del 14,9 %.[30] Eso significa que, en el mismo puesto de trabajo, una mujer cobra un 14,9 % menos del salario que su compañero hombre, desempeñando exactamente el mismo trabajo.

Los contratos a tiempo parcial son ocupados, en su mayoría, por mujeres, al contrario de lo que ocurre con los de tiempo completo, que son ocupados sobre todo por varones. Hay 2.014.000 mujeres (72,17 %) y 776.500 hombres (27,83 %) trabajando a tiempo parcial, frente a los 9.224.300 hombres (59,32 %) y los 6.326.800 mujeres (40,68 %) con un empleo a jornada completa.

En España ya hay 1.126.687 de autónomas frente a 2.064.607 de autónomos. Las mujeres suponen el 35,3 % del total del colectivo, según datos de la Federación Nacional de Asociaciones de Trabajadores Autónomos (ATA).

Techo de cristal

España está en la línea de la media europea respecto al número de mujeres jefas, con un 37 % de mujeres en puestos intermedios, con 10 o más personas a su cargo.

Los puestos directivos están ocupados tan solo en un 11,8 % por mujeres.

Trabajo invisible en el hogar

Como dice Silvia Federici, el Estado ha tolerado, a través del salario, que los hombres tengan la capacidad de controlar a las mujeres en el trabajo doméstico. A la hora de organizar el trabajo, se ha dividido el trabajo productivo por un lado (el único remunerado) y el trabajo reproductivo por otro (el trabajo en el hogar y los cuidados). Cómo no, las mujeres nos dedicamos mucho más al trabajo reproductivo no remunerado que los hombres. Como bien explica Katrine Marçal,[31] el padre del capitalismo, Adam Smith, vivía con su madre, Margaret Douglas, quien se ocupaba de que Smith comie-

---

31. Marçal, K. (2016). *¿Quién le hacía la cena a Adam Smith? Una historia de las mujeres y la economía*. Barcelona: Debate.

ra cada día y tuviera un hogar limpio y organizado. Así, su vástago podía dedicarse a desarrollar sus teorías económicas. Sin embargo, Smith se olvidó de su madre y de todas las madres y mujeres del mundo cuando realizó el estudio que sentaría las bases de la economía moderna: no tuvo en cuenta el trabajo doméstico que cada día realizan las mujeres de todo el mundo.

> En cuanto al tiempo dedicado a las labores del hogar, las mujeres siguen doblando en horas a los hombres: mientras ellas invierten 4 horas y 4 minutos, ellos dedican 2 horas y 10 minutos, según la última encuesta sobre el uso del tiempo del INE.

> Otro reciente estudio de la Fundación de Estudios de Economía Aplicada (Fedea) también expone que casi el 70 % de las horas de trabajo doméstico las realizan las mujeres.

Feminización de la pobreza

En España, el perfil general de la persona que acude a los servicios sociales[32] es el de una mujer de entre 36 a 50 años, con hijas e hijos a su cargo, desempleada, con estudios primarios y con unos ingresos medios mensuales entre 300 y 500 euros.

> El 32,2 % de las mujeres en edad laboral están en situación de pobreza o exclusión social. Esto afecta principalmente a las jóvenes de entre 16 y 29 años, desempleadas de larga duración con responsabilidades familiares no compartidas y sin estudios.

---

32. Lima Fernández, A. (coord.) (2015). *Informes de los Servicios Sociales en España (I y II ISSE 2013-2015)*. Madrid Consejo General del Trabajo Social. [Disponible en: <https://www.cgtrabajosocial.es/publicaciones/ii-informe-sobre-los-servicios-sociales-en-espana-isse-ii/83/view>.]

Agresiones sexuales

En España una mujer es violada cada 8 horas y sufre una agresión sexual cada hora y media. Cada día se denuncian 10 agresiones sexuales a menores. Todas las agresiones y violaciones son perpetradas por hombres.

Violencia obstétrica

Tuve la suerte de leer el artículo «El desastre de parir», escrito por Rosa Montero, antes de quedarme embaraza de mi primera hija. Gracias a eso, conocí la asociación El Parto es Nuestro y me informé sobre cómo funcionaba el parto en España. Tuve que salir del sistema sanitario convencional para poder tener dos partos respetados y evitar la episiotomía, así como otros protocolos innecesarios relacionados con la violencia obstétrica. Durante el final del embarazo de mi primera hija, la ginecóloga que me atendía me programó fecha para cesárea porque en la semana 41 no tenía ningún síntoma de parto. Gracias a una matrona de El Parto es Nuestro, mi hija nació en la semana 41+5 de forma natural, con dos vueltas de cordón y sin episiotomía.

Mi segunda hija pesó 4,300 kilos y, según la ginecóloga de guardia que me atendió al comienzo del parto, iba a ser imprescindible la episiotomía para que pudiera salir. Por suerte, la ginecóloga de parto respetado llegó a tiempo y mi hija nació con una vuelta de cordón, sin episiotomía y sin desgarro. Cero puntos.

Una amiga mía tuvo el primer parto unos meses antes que el de mi primera hija, su hija nació con fórceps y se llevó 20 puntos de sutura (entre puntos externos e internos). Estuvo sin poder sentarse más de seis meses. Ni te cuento el resto de cosas. Para el parto de su segundo hijo, y después de conocer mi experiencia, le pidió a su ginecólogo un parto respetado. Cuando se negó a que le pusieran epidural, la matrona que la atendió le dijo: «Cuando estés de 8 centímetros y me pidas la epidural a gritos, que sepas que no te voy a ir ni a atender». Mi amiga parió sin problemas.

La cineasta Icíar Bollaín fue igual de consciente de estas particularidades en sus tres partos y así lo refleja en el prólogo que escribió para el libro *Parir. El poder del parto*, de Ibone Olza. Así fue como se sintió tras el primero de todos:

> En menos de cuatro horas nació Lucas, de manera natural. No pedí la epidural porque, aunque el dolor era muy intenso, me pareció que podía sobrellevarlo. Lo que no esperaba que se me hiciese tan difícil de sobrellevar fue el trato que recibí: a lo largo de esas cuatro horas me practicaron un rasurado, una lavativa, la rotura artificial de la bolsa, una episiotomía y finalmente la maniobra de Kristeller, todo ello dolorosamente y sin que nadie me hablara o me avisara previamente.

Según la asociación El Parto es Nuestro, la violencia obstétrica es un tipo de violencia machista que puede definirse como la «apropiación del cuerpo y de los procesos reproductivos de las mujeres por prestadores de salud, que se expresa en un trato jerárquico deshumanizador, en un abuso de medicalización y patologización de los procesos naturales, trayendo consigo pérdida de autonomía y capacidad de decidir libremente sobre sus cuerpos y sexualidad, lo que impacta negativamente en la calidad de vida de las mujeres».

Marsden Wagner, exdirector del departamento Materno-Infantil de la Organización Mundial de la Salud, dice que la episiotomía es la ablación de Occidente. Las mujeres tienen tan interiorizada y asumida la violencia obstétrica que casi todas creen que la episiotomía es un corte imprescindible en el parto. Todas lo «han necesitado» en su parto porque o bien al bebé le costaba salir, o tenía una vuelta de cordón, o había sufrimiento fetal (supuestos en los que, tal y como explican personas expertas, la episiotomía no soluciona nada). Muy pocas confiesan los trastornos derivados de ese *cortecito*, y muchas veces, años después de esa práctica innecesaria, confiesan que todavía la sienten. Estas mujeres deberían saber que la OMS no recomienda esta práctica en absoluto, y, sin embargo, en España se hace en el 89 % de los partos.

Muchas mujeres de nuestra sociedad han interiorizado que la episiotomía es necesaria. Asumen que cuando paren deben hacérsela para no tener un desgarro mayor, a pesar de la fuerte evidencia científica sobre sus efectos adversos, como se explica en*:* «Episiotomy: a form of genital mutilation» (*The Lancet*).

El doctor Michael C. Klein, investigador del British Columbia Women's Hospital and Health Centre Society de Vancouver, publicó un artículo en el *New York Times* donde decía: «La verdad es que lo hemos venido haciendo desde 1920 y carece de todo fundamento científico».

Violencia machista

Según ONU Mujeres: «Las causas de la violencia contra las mujeres se encuentran en la discriminación por cuestión de sexo, las normas sociales y los estereotipos que la perpetúan [...]. La prevención debe comenzar en las primeras etapas de la vida, mediante la educación de los niños y las niñas que promueva las relaciones de respeto y la igualdad de género. El trabajo con jóvenes es la mejor opción para lograr un progreso rápido y sostenido en materia de prevención y erradicación de la violencia de género».

Las cifras de la violencia machista apenas han variado en los últimos años y España se sitúa en una media de 60 asesinatos machistas al año. Solo el 28 % de las mujeres asesinadas ha denunciado a su agresor y casi el 68 % de las mujeres maltratadas no denuncia nunca. Según datos de las plataformas feministas, habría que añadir a las cifras oficiales de asesinatos machistas los casos de feminicidios íntimos no oficiales, feminicidios no íntimos, feminicidios infantiles que no están en las cifras oficiales, feminicidios familiares, feminicidios por prostitución, asesinatos de mujeres por robo o por violencia comunitaria, feminicidios/asesinatos de mujeres sin datos suficientes, asesinatos de mujeres por violencia económica y otros casos dudosos.

Los maltratadores y los asesinos, aparentemente, son hombres que socialmente representan una imagen opuesta a la que tienen en el ámbito privado, y fuera de casa pueden ser educados, amables, alegres, seductores y respetuosos.

Las víctimas pueden haber sido maltratadas previamente

y pueden tener baja autoestima, ser dependientes, emocional o económicamente, y pueden tener falta de apoyo familiar.[33] También puede ocurrir que no cumplan con ninguno de estos supuestos.

Y un dato que hay que tener grabado a fuego: entre 2009 y 2015 solo el 0,0075 % de las denuncias por violencia machista fueron falsas.[34]

Esta es la igualdad a la que hemos llegado en España. ¿De verdad seguimos pensando que el feminismo no es necesario?

La libertad de elección
Llevo a dieta media vida. Hasta los treinta años hacía dieta para quitarme cinco kilos, pero, cuando nació mi primera hija, de los cinco kilos que me sobraban me llevé de regalo del embarazo quince más. Hay mujeres que se sienten cómodas en su cuerpo, sea cual sea, y son valientes y admirables porque han pasado por encima de los dictados de la sociedad. Yo soy perfectamente consciente de que mi deseo de verme delgada es producto de la presión que tenemos las mujeres, pero, aun así, continúo con mi lucha contra los kilos de más. Son estas incoherencias que tenemos las personas. Esto me hace plantearme muchas preguntas feministas, así que, para no sentirme sola, te las voy a plantear a ti también.

---

33. Fuente: Fiscalía General del Estado.
34. Ministerio Público.

Princesas que se rebelan y príncipes que salen rana

Es un tema muy complejo y te aviso que te voy a llevar al extremo, pero es fundamental proponerlo si vamos a hablar de *educar en el feminismo*, ya que esta educación conlleva planteamientos de este tipo.

El libro *El neoliberalismo sexual. El mito de la libre elección,* de la filósofa y feminista Ana de Miguel, explica el daño y el retroceso que supone la afirmación de que «la igualdad está conseguida». Como explica, a día de hoy, mucha de la diferenciación que se sigue ejerciendo entre sexos está legitimada por la peligrosa *libre elección*. Ana de Miguel pone en duda que las mujeres podamos elegir libremente. Como veíamos antes, las niñas se fabrican niñas desde que nacen: se les ponen pendientes, el apellido del padre primero y se las viste de rosa. Después aprenden *ballet*, gimnasia rítmica y pintura. Luego celebran su cumpleaños con una tarta enorme de princesas y globos rosas y violetas. Sus referentes culturales son las películas de Disney –donde los personajes femeninos son princesas sumisas y bellas que aspiran al amor romántico y ser rescatadas por un príncipe– o los cuentos de niñas con tapas de purpurina. Eso sí, cuando crecen les pedimos que no se obsesionen con el físico ni con el amor romántico, que piensen por ellas mismas y que elijan carreras profesionales prometedoras. ¿De verdad van a elegir *libremente* si han sido educadas con esos referentes?

El feminismo defiende la libertad de las mujeres por encima de todo. Libertad para elegir qué tipo de niña y mujer quieres ser. Sin embargo, es difícil que una mujer decida con libertad dentro del patriarcado, ya que es un sistema que perpetúa los estereotipos y las desigualdades: el machismo presiona a las mujeres, no somos conscientes de ello y parece no haber lugar para una libertad real.

Ahora quiero provocarte: hay una corriente que considera que es peligroso que las mujeres utilicen su libertad para perpetuar los roles estereotípicamente machistas. Pero si realmente las mujeres somos libres, hay que tener claro que también lo somos para autocosificarnos, prostituirnos, alquilar nuestro vientre o salir desnudas en la portada de una revista. También lo somos para decidir no trabajar fuera de casa y trabajar en casa cuidando de nuestras criaturas y limpiando la casa, renunciando a una independencia económica para amamantar a nuestro bebé hasta los tres años, para someternos a dietas para estar delgadas, hacernos monjas de clausura y ponernos un hábito, pintarnos la raya del ojo, ponernos tacones y llevar un hiyab. Insisto: las mujeres somos perfectamente libres para tomar esas decisiones y nadie debería juzgarnos. ¿O no? ¿O depende de qué decisión? Parece que la libertad es un poco subjetiva, y es posible que no seamos tan libres como pensamos.

La sociedad nos bombardea constantemente con modelos de conducta y modelos estéticos, el imaginario colectivo, la publicidad y los medios de comunicación se encargan de grabárnoslos a fuego. Las mujeres estamos sometidas a este estándar de belleza y debemos ser conscientes de ello, aunque luego decidamos nosotras mismas cómo gestionarlo. Pero tenemos que saber también que estos cánones de belleza generan muchas inseguridades en las mujeres (incluso enfermedades como la anorexia, la bulimia o la depresión) y que son una poderosa forma de control del patriarcado.

Ahora voy a plantearte preguntas para generar autocrítica: ¿seguro que las decisiones que tomamos las mujeres con respecto a nuestro físico, nuestra forma de vida o nuestra libertad las hemos tomado las mujeres *libremente*?, ¿existe la posibilidad de que las hayamos tomado con la *semilibertad* que nos da el patriarcado?, ¿te parece injusto plantear hasta qué punto las mujeres somos libres de mantener roles que perjudican el avance feminista?

Cada niña y cada mujer eligen qué tipo de feminidad quieren desarrollar, y el contexto en el que se encuentran va a determinar sus decisiones: ¿es justo que prohíban a una niña llevar el hiyab?, ¿no es, para variar, una imposición más de cómo te dicen que tiene que ser una chica? Pero, ¿no es el hiyab un símbolo de opresión?

Las niñas y mujeres tienen en su mano la decisión de querer ser personas libres, independientes, dependientes o ser objeto de consumo. Y tenemos que educar a nuestras criaturas para que aprendan a vivir su feminidad o su masculinidad como quieran, pero insistiendo en la base del feminismo: la libertad. Y hacerles entender en qué consiste esa libertad: nuestra libertad no puede pisar ni oprimir a otros, nuestra libertad debe ser entendida como la posibilidad de poder llevar adelante el proyecto de vida que deseemos.

La igualdad de derechos por ley concede igualdad de oportunidades a todas las personas, ¿no es así? Sin embargo, somos conscientes de que eso no es verdad, y las personas, por muchos derechos igualitarios que tengamos, no somos semejantes.

La pobreza es un escenario que no da opción a la libertad: según el Programa de las Naciones Unidas para el Desarrollo, el 70 % de la extrema pobreza pertenece a las mujeres. ¿Esas mujeres son libres? Obviamente, no.

Aunque hemos avanzado mucho en los últimos años, tenemos que ser conscientes de que todavía nos queda mucho recorrido y que en cualquier momento podemos dar importantes pasos atrás: en otros países, a día de hoy, salen adelante leyes que perjudican seriamente los derechos fundamentales de las niñas y las mujeres, por lo que la lucha feminista no puede relajarse: en Burundi ha salido adelante una ley que culpa a la mujer que padece la violencia machista por su «atuendo indecente» o su «conducta inmoral»; en Bangladés salió adelante una cláusula a una ley que permite que las muchachas menores de 18 años contraigan matrimonio en «circunstancias especiales», sin especificar cuáles son esas circunstancias, y en un país tan avanzado y democráticamente estable como Estados Unidos, su presidente, Donald Trump, ha establecido una política que prohíbe que su país conceda fondos oficiales a organizaciones extranjeras involucradas de cualquier manera en el aborto, lo que va a contribuir a abortos inseguros y a la muerte de mujeres: por ejemplo, el Fondo Médico y Educativo Kisumu (KMET), de Kenia, que recibe 200.000 dólares al año del Gobierno de Estados Unidos para entrenar a médicos en el tratamiento de hemorragias posparto, va a dejar de recibir financiación por parte de ese país porque, entre otros servicios dirigidos a la salud reproductiva de la mujer, asesora sobre el aborto. En nuestro país, casi perdemos uno de los derechos fundamentales en 2013, cuando estuvo a punto de salir la nueva ley del aborto planteada por Gallardón: si hubiera salido adelante esta ley, habría supuesto un retroceso de treinta años para los derechos de las mujeres. Por culpa de las políticas de austeridad en nuestro país, en junio de 2015, las Naciones Unidas mostraron su preocupación ante los recortes en las políticas de igualdad y contra la violencia machista en España: nuestro país ha sufrido un retroceso con respecto a la asistencia, los presupuestos y las leyes sobre este asunto. Además, la eliminación de la asignatura de Educación para la ciudadanía supuso otro retroceso, porque, independientemente de la ideología y la ética de cada persona, era la única materia en la que se educaba al alumnado en igualdad.

Ha llegado el momento de cambiar las cifras, de empoderar a las niñas para que sean capaces de elegir con verdadera libertad la forma que consideren para construir un futuro prometedor. De educar a los niños para que sean libres de expresarse como prefieran y no interfieran en el camino de las mujeres.

··· TALLER FEMINISTA ···
Pon a prueba tus habilidades feministas con respecto a los estereotipos

1. Visualiza con tu criatura el vídeo «Always #LikeAGirl», que forma parte de una campaña que pretende visibilizar el daño y el impacto brutal que tienen los estereotipos en la imagen que se tiene del sexo femenino. ¿Somos conscientes de que esto representa una visión extremadamente perjudicial para las niñas? Comenta con tus criaturas en qué puede impactar este estereotipo en las niñas que conoce, y si realmente se cumple. Seguramente comprobaremos que no se cumple, que las niñas corren, por norma general, igual que los niños y que esto afecta directamente a la asunción de las habilidades que creemos que las niñas no poseen. Por extensión, si creemos que las niñas corren mal, es muy probable que pensemos que hay otras capacidades que hacen mal, y esto es posible que repercuta en la concepción que se tiene de las destrezas que se les presuponen a las niñas y las mujeres.

2. Pídele a tu criatura que elija un personaje femenino de una película que le guste. Haz con ella una lista con los estereotipos que ese personaje representa. Haced lo mismo con un personaje masculino. Ahora puedes valorar si las características que representan son clichés o rompen los estereotipos.
Personajes como Blancanieves, la Bella Durmiente, Cenicienta, Bella, la Sirenita... son estereotípicamente virginales, serviles, guapas, sumisas y, además, se las sitúa realizando las tareas del hogar (Rapunzel limpia, Blancanieves limpia y recoge la casa de los enanitos, Cenicienta limpia...). Su fin último, además, es el amor heterosexual, que no solo se convierte en el motor de su existencia, sino que, incluso, algunas tienen que hacer importantes renuncias para entregarse a él. Es el caso de Ariel, la Sirenita, que decide vivir sin su cola de sirena por amor. O Bella, de

Princesas que se rebelan y príncipes que salen rana

La bella y la bestia, que acaba enamorada de quien la ha raptado y maltratado.

En contraposición, tenemos el personaje masculino, el chico o príncipe es quien resuelve el conflicto, el que decide que quiere quedarse con la chica, y arrastra un sinfín de actitudes positivas, como valor, intrepidez, riesgo, inteligencia...

Si nos atenemos a las películas de animales, ocurre exactamente lo mismo: Pongo va a ser el que ayude a recuperar a los cachorros dálmatas, Golfo ayudará a Reina a volver a casa en *La dama y el vagabundo*, O' Malley ayudará a Duquesa a regresar a casa en *Los aristogatos*...

Otra categoría de personajes femeninos son las brujas y madrastras malvadas.

Hasta el siglo XXI, para la factoría Disney, las mujeres solo podíamos ser serviles y sumisas o pérfidas brujas.

Otras películas, como *Trolls* o *Zootrópolis*, tienen un personaje femenino protagonista que se aleja de los estereotipos de princesas, sin embargo, siempre necesitan a un personaje masculino que las ayude a conseguir sus objetivos; parece que ellas solas son incapaces de solucionar nada. En la mayoría de los casos, además, este personaje masculino acaba siendo objeto de deseo por parte de la protagonista, incluso aunque la historia se inicie mal y la relación entre ellos haya sido desastrosa.

Tenemos algunos personajes femeninos que intentan romper los estereotipos, como Fiona, de *Shrek*, que es una mujer aparentemente segura de sí misma e independiente, pero acaba sucumbiendo al ideal de amor romántico. Pasa lo mismo con Tiana, Mulán o Ana, de *Frozen*. En el caso de la película *Del revés*, por fin tenemos personajes femeninos que solucionan cosas por sí solos, pero hay algunas referencias estereotipadas con respecto a los hombres (como cuando se percibe que el padre solo tiene una cosa en la cabeza).

Sin embargo, personajes como el de Mérida, en *Brave*, Elsa, de *Frozen*, y Vaiana representan modelos femeninos que rompen de alguna manera los estereotipos.

En otras películas, ni siquiera aparece un personaje femenino relevante. Es el caso de *Toy Story, Kung Fu Panda, Bambi, Madagascar, Cómo entrenar a tu dragón, Cars, Monsters S. A., Up, Ratatouille, Capitán Calzoncillos, Bichos, Alvin y las ardillas, El viaje de Arlo*...

PARTE II.
COEDUCACIÓN

3.
Ni las niñas son de Venus ni los niños de Marte

Educar en igualdad

> No podemos avanzar si la mitad de la humanidad va por detrás.
>
> Malala Yousafzai

¿Educas a tus hijas e hijos de la misma forma? La mayoría de madres y padres no educamos de la misma manera a nuestras primeras criaturas que a las segundas. Ni mucho menos a las terceras o en adelante. Con la primera hija o hijo cometemos errores que no cometemos con el segundo. Y cuando se tienen más, se van cometiendo menos errores y nos relajamos más con cada nueva criatura. Es normal, la educación de cada hija o hijo está supeditada a nuestro contexto: con unos somos más inexpertos, con otros estamos más ocupados y con los últimos nos hemos convertido en personas más flexibles o inflexibles. Por este motivo, algunos psicólogos coinciden en que nuestra posición al nacer en nuestra familia va a condicionar parte de nuestra personalidad. De la misma forma, si tienes una hija o un hijo, ocurre que, de forma inconsciente, los educas de forma diferente.

Cuando hablo con madres y padres que tienen hijas e hijos, casi siempre coinciden en que intentan educar a sus criaturas en igualdad, en la medida de lo posible. Es muy complicado y la sociedad no favorece que se pueda dar una educación en igualdad a niñas y niños en el mismo entorno: para que realmente estemos hablando de coeducación, habría que usar siempre un lenguaje inclusivo, darles las mismas referencias bajo los mismos aspectos con modelos femeninos y masculinos, fomentar juegos y juguetes no estereotipados, favorecer deportes que no diferencien niñas y niños, reconstruir los espacios y un largo etcétera. No desesperes, este es un largo recorrido.

Cuando se habla de fórmulas para prevenir la violencia machista, el machismo y las desigualdades sociales que perjudican a las mujeres, se llega a la misma conclusión: es necesaria una educación en igualdad para niñas y niños, desde el hogar, la escuela y la sociedad. Está claro que sería muy ingenuo pensar que solo con eso resolveríamos todos los problemas del machismo, ya que también son necesarias leyes y cambios en el sistema económico, político y social, pero si no educamos a las criaturas de hoy en el feminismo, jamás serán impulsoras de este cambio social en el futuro. Tenemos que educar a las niñas para que sean feministas y a los niños para que sean verdaderos aliados del feminismo.

Para que las futuras personas que toman decisiones estén implicadas en el feminismo, es crucial educar a nuestras criaturas para que sean conscientes del patriarcado y el machismo y quieran eliminarlos. Las investigaciones[35] demuestran, además, que el éxito es más probable donde las intervenciones han trabajado con ambos, niñas y niños, mujeres y hombres, de manera sinérgica o sincronizada.

Cómo ser niña o niño

Hemos visto cómo los estereotipos perjudican a las mujeres, porque establecen una construcción del género concreta, que las limita y genera desigualdades desde que son bien pequeñas. La sociedad decide cómo debe ser una niña y cómo debe ser un niño y así se les educa y se construye su identidad desde el momento en el que nacen.

La teoría Queer desarrolla la idea de que no solo se construye el género, sino también se construye el sexo. Es decir, que la categorización que se hace de las personas según su sexo, como de cualquier otro mamífero, no es válida. Y así las personas pueden construir su sexo/género a medida que van formando su identidad. Pero ¿realmente hay algo positivo en todo esto?

El género es una construcción social que limita a las mujeres: nada más nacer, el género femenino se impone a las

---

35. Amin, A., y Chandra-Mouli, V. (2014). «Empowering adolescent girls: developing egalitarian gender norms and relations to end violence», *Reproductive Health*, vol. 11, n.º 1, p. 75. [Disponible en: <https://www.ncbi.nlm.nih.gov/pmc/articles/PMC4216358/>.]

niñas nacidas hembras, y a partir de ese momento toda la sociedad va a construir una serie de roles sexuales alrededor de ella. De esta forma, el género es responsable de que cuando nace una niña, esta sea el sujeto oprimido en la sociedad patriarcal, y sea la que va a sufrir esa dominación de muchas maneras: desde el marcado con pendientes, ropa de colores concretos y otros complementos, hasta convertirla en responsable del hogar y la crianza, víctima de explotación sexual, maltrato por parte de otros hombres, violencia sexual o incluso de asesinato.

La construcción del género conlleva importantes desigualdades sociales, así que lo ideal sería que las personas actúen, se vistan y se expresen con total libertad, sin que se cuestione por ello su sexo de nacimiento. Criaturas libres, personas que decidan por ellas mismas cómo quieren ser, qué aspecto tener, qué vida llevar y a quién querer. Hoy, nuestra sociedad está estructurada de forma que mujeres y hombres somos desiguales, no hay personas, hay solo hombres por un lado, con todos los estereotipos que conllevan, y mujeres por otro, con su carga de roles impuestos.

Feminidades y masculinidades

Una amiga me contó que cuando era pequeña quería ser un chico. Le parecía mucho más divertido comportarse como un chico y hacer las cosas que hacían ellos. Sus referentes eran los personajes masculinos de las películas, de los libros, porque vivían las aventuras intrépidas mientras los personajes femeninos apenas hacían nada interesante. Se identificaba con George, de Los cinco, porque era una niña que se sentía niño y podía hacer cosas de chicos. Mi amiga se sentía diferente y tenía comportamientos estereotípicamente masculinos, lo que se ha conocido popularmente como un marimacho. Un día, una profesora convocó a su madre y su padre para una reunión y, con mucha solemnidad, les dijo que su hija era lesbiana. O trans. En este caso, ella no era lesbiana ni trans, resultó que el problema residía en que no se comportaba como se supone que tiene que comportarse una niña. No tenía modelos de comportamiento diferentes a lo que se supone que tenía que ser una chica, y por ese motivo entendía que la única forma de encajar en la sociedad era siendo un chico.

Lo que ni mi amiga ni su entorno sabían en ese momento, era que las personas pueden expresarse de forma muy diversa. En eso consiste la diversidad: en que la feminidad y la masculinidad, que son los atributos, características, comportamientos y el resto de las construcciones sociales asignadas a un sexo, se pueden eliminar, y las niñas pueden comportarse como históricamente lo han hecho niños, y los niños como históricamente lo han hecho las niñas, y no pasa absolutamente nada, porque lo que pretendemos es acabar con los roles sexuales asignados a las personas por su sexo.

El feminismo en el que yo creo es abolicionista con el género, contrario a la teoría Queer, porque es consciente de que ser mujer no se escoge: nacemos con un sexo y la sociedad construye alrededor de ese sexo un género, que hace que las mujeres sean oprimidas y vulnerables a cualquier tipo de violencia y explotación. Por ese motivo, nuestra misión debería ser eliminar completamente el género.

Los estereotipos marcan las feminidades y masculinidades, pero esto está cambiando y, en los últimos tiempos, se habla de nuevas maneras de ser personas. Está claro que, tal y como está construida, la masculinidad fomenta importantes desigualdades: el hombre dominante, agresivo e insensible no es muy comprensivo con la mujer sumisa, débil y emocional. Hoy en día, estas formas de ser hombre o mujer ya no están tan polarizadas, y por este motivo tenemos a nuestro alrededor personas, aparentemente hombres, que pueden ser sensibles, delicados y con comportamientos históricamente afeminados y una persona aparentemente mujer puede ser ruda y estereotípicamente masculina. A todas las personas cada vez se nos amplían las cualidades y, la idea es llegar a un momento, en el que apenas tengan diferencias, más allá del sexo de nacimiento.

Por este motivo, se puede ser un chico y llevar falda, el pelo largo, maquillaje, pendientes, estampados florales, ser sensible, sumiso, tierno y delicado, y ser una chica y vestir con pantalones, llevar el pelo corto y sin maquillaje, ser ruda y agresiva.

Nadie debería tener que cambiar su cuerpo porque la sociedad trasmite que su estereotipo no se corresponde con su sexo. ¿No se trata de eliminar el estereotipo? Para romper con el género y construir una sociedad realmente feminista, tenemos que formar parte de una sociedad que no exija a nadie cambiar su cuerpo o su identidad para encajar.

Mientras llega ese momento, por supuesto que la sociedad debe entender e integrar a las personas trans, que sufren a diario y que tienen su propio movimiento de liberación que debe ser respetado.

Educar en la igualdad. Coeducar
Coeducar significa educar a las niñas y a los niños en igualdad. No debemos confundirlo con la educación mixta, porque ese tipo de educación sencillamente educa a niñas y niños, pero no necesariamente como iguales. Hemos visto cómo la historia, la ciencia, la literatura y todas las disciplinas académicas y culturales han sido explicadas desde un punto de vista exclusivamente androcéntrico, invisibilizando los logros realizados por las mujeres, su pensamiento y sus aportaciones a la humanidad. En la educación mixta se han perpetuado los estereotipos sexistas, el lenguaje no inclusivo, las expectativas desiguales generadas en torno a las niñas y los niños, los roles de género y los materiales educativos, mediáticos o culturales que hacían diferenciaciones (libros de texto, literatura, películas, publicidad, redes sociales, televisión…).

El punto de vista masculino es el único que ha trascendido y, sin embargo, niñas y niños estaban presentes en las aulas, en el hogar y en la sociedad.

Cuando hablamos de coeducación, hablamos de integrar a las criaturas en un mismo aprendizaje y con los mismos referentes. Desde la infancia tienen que ser conscientes de los estereotipos de género para trabajar con ellos y derribar-

Coeducación

los. Tenemos que fomentar una gran variedad en los roles que históricamente se han asignado a niñas o niños, tenemos que forzar delicadamente el cambio, para que niñas y niños asuman realmente la igualdad, y las niñas puedan jugar al fútbol y a indias y vaqueras y los niños jueguen con muñecas y cocinitas. Que las referencias que reciban sean igualitarias, que sean conscientes del cambio de roles, que en la literatura y el cine haya personajes femeninos empoderados y masculinos más relajados. Que madres y padres demos ejemplo con roles diferentes. Que también se hable en femenino porque nos referimos a personas. Que rescatemos vidas fascinantes de mujeres revolucionarias que sean inspiradoras para niñas y niños.

Esos pequeños detalles, que a veces pasan desapercibidos, son los grandes caballos de batalla que tenemos que derribar para conseguir una educación en igualdad. Las niñas y los niños tienen que ver, todos los días y en todo momento, que las niñas y las mujeres hacen cosas, son referentes esenciales y son poderosas.

En 2017, el director de un colegio de la Comunidad de Madrid fue multado por llevar a los niños a visitar el estadio Bernabéu mientras las niñas hacían ganchillo. Esta anécdota evidencia de forma muy clara la segregación, pero a veces las diferenciaciones no son tan evidentes, como cuando las y los docentes prestan más atención a lo que dicen los niños que las niñas, les dan más la palabra en clase y perpetúan los estereotipos con comentarios, lenguaje no inclusivo e invisibilización de los logros femeninos.

Ni las niñas son de Venus ni los niños de Marte

La coeducación no es tan fácil como parece. La sociedad presiona, el entorno presiona y el futuro presiona. El patriarcado, el machismo y el androcentrismo presionan, en pocas palabras. La sociedad consumista está montada para perpetuar estas desigualdades, así que la coeducación es ahora mismo una utopía casi antisistema: hay que ir a contracorriente y, aun así, a menos que las criaturas vivan en una burbuja social, las referencias androcéntricas las van a salpicar igualmente.

Yo misma vivo en un barrio del centro de Madrid, en un entorno social donde formamos a nuestras criaturas en un ambiente progresista en el que la mayoría de las familias tenemos una mentalidad abierta y educamos en la diversidad. A pesar de eso, alrededor de mí tengo casos de niñas que son juzgadas por vestir de determinada manera o por llevar el pelo de forma distinta. Una niña llegó al colegio tan contenta con el pelo corto como , según su rol, lleva un chico y, tras recibir las burlas de compañeras y compañeros, salió llorando de clase. A otra, de nueve años, su mejor amiga dejó de hablarle por no llevar la ropa adecuada. Al hijo de una amiga mía le gusta pintarse las uñas, sin embargo, el primer día que las llevó pintadas al colegio, el resto de los niños se metieron con él y al volver a casa le pidió a su madre que le quitara el esmalte. Desde entonces, cuando juega a las peluquerías con su hermana siempre se despinta las uñas antes de salir a la calle. ¿De dónde sacan estas referencias las criaturas que se burlan de otras si el entorno es tan *inclusivo*?, pensarás. Es que quizás no lo sea tanto, porque no somos conscientes de dónde reciben las influencias nuestras niñas y niños.

Coeducación

Recién nacidas. En el momento en que nace nuestra criatura está en nuestras manos decidir si vamos a educarla en la igualdad y en la libertad de que pueda elegir qué tipo de persona quiere ser. Antes de que venga al mundo, lo único que vamos a saber con certeza es si es una niña o un niño. A partir de ese momento, muchas familias deciden si pintan la habitación de rosa o azul, empiezan a comprar modelos de ranitas, faldones, patucos y jerséis, generalmente asociados al color asociado al sexo en cuestión. Si es una niña, decidiremos si le hacemos los agujeros en las orejas. Como ya expliqué al comienzo, en el instante en el que nace, vamos a decidir por ella qué tipo de niña va a ser. Así que, antes de tomar todas estas decisiones, conviene tener claro qué tipo de persona queremos traer al mundo: una persona que lo tenga todo decidido de antemano y a la que ya le estamos asignando un rol o un estereotipo o una persona libre, que pueda decidir cómo quiere expresarse. Por supuesto que se puede ser feminista y llevar pendientes, pero es posible que sea mejor hacerlo si hemos decidido llevar pendientes por iniciativa propia y no porque la sociedad (dícese madre o padre) nos lo ha impuesto.

Es cierto que las personitas recién nacidas no pueden tomar decisiones por ellas mismas, pero su familia puede ofrecerles todas las opciones desde ese momento. Si ya le has puesto los pendientes a tu criatura, no desesperes, se puede ser feminista igualmente y podremos reconducir la situación: mi hija pequeña decidió ponerse pendientes mientras escribía este libro. Paradojas de la vida. Pero que no cunda el pánico, que seguimos siendo feministas con nuestras contradicciones.

> **Apuntes**
>
> - Elige decorar la habitación de tu criatura con colores neutros o mezclar cuadros de bailarines con otros de piratas. Si tienes una niña y te encanta el rosa, pinta su cuarto de rosa, pero no te olvides de poner referencias que rompan los estereotipos, con modelos de mujeres empoderadas o referencias a científicas o juegos estereotípicamente masculinos para que desde pequeña asuma que cualquier opción es adecuada. Si tienes un niño y quieres ponerle piratas y superhéroes por todas partes, acuérdate de ponerle modelos femeninos para que desde pequeño aprenda a valorar a las niñas de la misma manera.
> - Puedes elegir su ropa neutra o combinarla. Si te encantan los faldones rosas con puntillas, acuérdate de que tenga muchas opciones para que poco a poco pueda ir eligiendo cómo se siente más cómoda.
> - Puedes no hacerle los agujeros en las orejas y esperar a que ella o él decida si quiere llevar pendientes, *piercings* o tatuajes.

Juegos y juguetes. Con los juegos y los juguetes ocurre lo mismo. Ya te he hablado de lo dañinos que pueden ser los juguetes estereotipados, ya que contribuyen a generar desigualdades. Haciendo un análisis de los juguetes que ahora mismo hay en el mercado, es absolutamente desolador comprobar que la mayoría están marcadamente diferenciados por sexos.

Isabel Tajahuerce, investigadora y directora del Título de Especialista «Agente para la detección e intervención integral en violencia de género» del Instituto de Investigaciones Feministas de la Universidad Complutense de Madrid, advierte que el repunte de las campañas sexistas en los juguetes es muy peligroso, ya que son los principales instrumentos de aprendizaje y socialización durante la infancia. En su estudio,[36] en el que analiza el catálogo de juguetes de unos grandes almacenes españoles, especifica claramente que si las niñas y los niños, desde que nacen, asumen que el territorio de cada uno está en lugares diferentes, y que esa diferencia reside en que las niñas juegan con muñecas en casa, cambiándoles los pañales, haciendo comiditas, cuidando de los perritos y los ositos, saltando a la comba, jugando a que son princesas y hadas en un bosque encantado, siendo pacíficas y en un espacio cerrado, mientras que los niños están explorando, sacando su barco pirata al mar, realizando construcciones, arriesgándose con el fuerte de los indios y vaqueros, en el espacio exterior y con espíritu aventurero, y ocupando un campo de fútbol, esto va a generar importantes inseguridades y frustraciones en el futuro.

En el análisis del catálogo, estas especialistas en violencia machista concluyeron que los estereotipos que fomentan los juguetes son tan sexistas y generan tantas desigualdades en comportamientos, sentimientos, emociones, deseos y roles

---

36. Gil Gómez, L., y Pérez Asperilla, E. (2012). *Publicidad estereotipos y roles de juego desde una perspectiva de género* (trabajo de fin de máster). Madrid: Universidad Complutense de Madrid. [Disponible en: <http://eprints.ucm.es/16605/>.]

que tienen un impacto brutal en nuestras criaturas y les enseñan cómo tienen que comportarse niñas y niños, mujeres y hombres, y cómo tienen que interactuar y relacionarse, de una forma completamente estereotipada.

Te advierto que, al vivir en sociedad, es complicado que nuestras criaturas no sucumban a este tipo de juguetes. Mis hijas han tenido Barbies, Playmobil de princesas y hadas, Lego Friends, peluches y muñecos bebés. Así que intento influir en la mecánica del juego para que esas hadas y princesas se dediquen a ser aventureras, detectives, científicas y viajeras. ¿O es que acaso hay algo *poco feminista* en que una Barbie sea reportera gráfica en un santuario ecologista al otro lado del mundo? Me sentaba con ellas para enfocar el juego con las muñecas y las princesas de forma que fueran libres de estereotipos, que las vidas de esas muñecas fueran inspiradoras y asumieran muchos roles diferentes.

Es importante educar a las niñas para que sean valientes, porque es un rasgo estereotípicamente masculino muy importante para avanzar en la vida: cuando se suben a los árboles o cuando escalan, les decimos que no lo hagan. Sin embargo, sí se les permite a los niños.

Según el estudio mencionado anteriormente,[37] el juego tiene una influencia importante en la construcción de la

---

37. Gil Gómez, L., y Pérez Asperilla, E. (2012). *Publicidad estereotipos y roles de juego desde una perspectiva de género (trabajo de fin de máster)*. Madrid: Universidad Complutense de Madrid. [Disponible en: <http://eprints.ucm.es/16605/>.]

identidad: a través del juego simbólico, nuestras criaturas reproducen situaciones cotidianas de comunicación y relación de los adultos, y así entrenan su construcción del género. De forma lúdica y espontánea, niñas y niños identifican comportamientos y valores que socioculturalmente están asociados a su sexo y, además, aprenden a comportarse y a solucionar problemas: con acuerdos o con violencia.

> **Apuntes**
>
> - Si tu hija quiere la Barbie Fashion, puedes reconducir su juego para que no se dedique exclusivamente a la moda y tenga otras inquietudes alejadas del rol, como los experimentos científicos o el desarrollo de *apps* tecnológicas.
> - Si tu hijo quiere jugar a indios y vaqueros, recuérdale que alguien tiene que encargarse de hacer la comida o limpiar el fuerte, y que eso es algo tan importante como salir a conquistar territorios. También cuéntale la historia de los indios y los vaqueros y sugiérele la posibilidad de afrontar el juego desde una perspectiva de diálogo: ¿cuáles eran los intereses de los vaqueros? ¿Y los de los indios? ¿Podrían llegar a un acuerdo sin pelear?

Literatura infantil y juvenil. Pasé mi infancia y adolescencia leyendo las novelas de *El pequeño vampiro*, *El pequeño Nicolás*, *Los cinco*, *Los Hollister*, *Torres de Malory*, *Puck*, la colección de Barco de Vapor, Gran Angular... Así que cuando me introduje en la narrativa adulta, al entrar en la universidad, me di de bruces con la realidad al leer historias que poco a poco irían tejiendo mis gafas violetas: la literatura estaba plagada de mujeres con realidades desoladoras, desde *La Regen-*

ta, de Clarín, hasta *Insolación*, de Emilia Pardo Bazán. Pero ¿qué es esto?, ¿esta es nuestra historia?, ¿dónde está nuestra épica? Las mujeres de la historia de la literatura están sometidas, alienadas, en realidades trágicas, matrimonios infelices, futuros inciertos donde apenas deciden nada... ¿En serio nos hemos pasado la historia de la humanidad esperando el devenir de las cosas? Tanto Amelia Valcárcel como Ana de Miguel hablan de que las mujeres no tenemos épica; no ha trascendido apenas nada de nosotras, nuestra realidad ha estado siempre ligada al hogar, al matrimonio, la familia o al convento. A las mujeres no les ocurría nada interesante, solamente esperaban que la vida pasara y, como mucho, sus comportamientos reflejaban su *inmoralidad* (eran infieles) o un espejismo (*Alicia en el país de las maravillas* es un sueño). Incluso las mujeres de las novelas de Jane Austen o Charlotte Brontë, que efectivamente intentan ir un poco más allá y reivindicarse, al final no salen del ámbito doméstico. Recuerdo que de pequeña leí *Mujercitas*, de Louise May Alcott, y la gran transgresión residía en que Jo no se casaba con Laurie para irse de institutriz e intentar escribir; sin embargo, luego regresaba y se casaba igualmente. El amor convencional seguía siendo el fin último de las protagonistas en todas estas novelas *transgresoras*.

Así que cuando empecé a leer historias de mujeres que iban más allá de su rol en el hogar, la historia de la literatura se puso interesante: las lecturas feministas de mujeres reivindicativas, como Mary Wollstonecraft, con *Vindicación de los derechos de la mujer*, *El segundo sexo*, de Simone de Beauvoir o *Una habitación propia*, de Virginia Woolf, me hicieron darme cuenta de que, hasta ese momento, no había tenido conciencia feminista.

Aunque yo me había identificado con los personajes femeninos de las novelas, era muy consciente de que es más divertido identificarse con Odiseo, que se va a vivir aventuras, que identificarse con Penélope, que se queda en Ítaca tejiendo y destejiendo para no casarse con otro. Este gran clásico de la literatura representa a la perfección los roles de los hombres y las mujeres a lo largo de toda la literatura y, por extensión, de la historia de la humanidad.

Me gustaban las protagonistas de las novelas escritas por mujeres en la narrativa contemporánea, empoderadas, que llevaban las riendas de su vida, mujeres como la protagonista de *Nada*, de Carmen Laforet, las de *El mismo mar de todos los veranos*, de Esther Tusquets, o *Beatriz y los cuerpos celestes*, de Lucía Etxebarria. Esas lecturas me hicieron darme cuenta de que el modelo de mujer convencional no se ajustaba al modelo de mujer que yo quería ser. Que los estereotipos y las expectativas que la sociedad habían creado sobre mí (el patriarcado, el machismo) me estaban oprimiendo y me impedían avanzar. La literatura era lo de menos, todo lo que tenía a mi alrededor me hizo explotar: harta de los referentes culturales hechos por y para los varones, de los machismos cotidianos a los que me sometían mis propios amigos y familiares, del miedo a ir sola de noche por la calle, del acoso sexual, de las agresiones machistas que padecían otras mujeres, me convertí en feminista.

Ni las niñas son de Venus ni los niños de Marte

Es fundamental que nuestras criaturas, niñas y niños, tengan referentes en la literatura de personajes femeninos. Los niños tienen que ver que las niñas son capaces de hacer las mismas cosas que ellos y las niñas necesitan referentes inspiradores para hacerlo. La literatura es un medio, igual de válido que cualquier otro, para estructurarnos el pensamiento. Yo soy de las que piensa que la literatura no tiene que ser moralizante, que no hay que versionar los cuentos tradicionales para dulcificarlos, sino que hay que desarrollar el pensamiento crítico de nuestras criaturas para que sean ellas mismas las que opinen y le encuentren las aristas a lo que leen y, por extensión, a lo que ocurre a su alrededor.

Apuntes

- Puedes contarle los cuentos clásicos (*Caperucita, Cenicienta, Blancanieves...*) sin variaciones. Pero acuérdate, al terminar, de fomentar el debate para identificar conjuntamente los roles que este tipo de historias están perpetuando.
- No podemos pretender que la literatura sea moralizante; al menos, yo no lo pretendo. La literatura sirve para removernos y ser políticamente incorrecta. Por ese motivo tampoco podemos linchar la literatura o el arte que no comulgue con nuestra ideología feminista; lo que deberíamos hacer es contextualizar ese texto y desarrollar el pensamiento crítico con nuestras criaturas.

Deportes. Hemos visto que hay deportes absolutamente diferenciados, como el fútbol para niños y la gimnasia rítmica para niñas. Una de mis hijas quiso jugar un partidillo de fútbol a la salida del colegio y los niños no la dejaron, sin

Coeducación

embargo, lo que me pareció más frustrante fue que cuando hablé con los padres y madres me dijeron que era normal y ni uno movió un dedo para incluir a mi hija en el partido. Por supuesto, se le quitaron las ganas de volver a intentarlo. Puedo contarte muchísimas anécdotas referentes a este tema: un niño al que no le gusta el fútbol y al que sus padres han cambiado de colegio porque en el centro anterior los niños solo jugaban a eso y se aburría en los recreos, niños que iban a clase de *ballet* y al cabo de unas semanas decidían dejarlo porque el resto de los niños se metían con ellos, niñas con capacidades deportivas que están muy por encima de cualquier niño y a las que se pone en duda y se descalifica por ser *una chica*, o niños a los que exclusivamente se les impulsa a jugar al fútbol, cuyos padres centran toda su existencia en que juegue al salir del colegio, en sus horas de ocio, y evitan así que se relacione con otras niñas y niños de una manera menos competitiva y agresiva. El fútbol en sí mismo no es un mal deporte, pero sí lo es la manera en la que muchos hombres vierten en él su masculinidad, cómo ocupa mucho más espacio que cualquier actividad femenina y se le da más importancia en el entorno social: recuerda las ligas de fútbol de los colegios que tienen los sábados hipotecados con los niños, el país que se paraliza con los partidos, los jugadores que cobran vergonzosas sumas de dinero o esos padres entregados que insultan y agreden a los árbitros o a otros jugadores en el campo. ¿De verdad que no hay diferenciaciones?

> **Apuntes**
>
> - Anima a las niñas a probar deportes estereotípicamente masculinos y a los niños a probar deportes estereotípicamente femeninos. Hacer ejercicio no debería asociarse a ningún sexo en concreto.
> - Enséñales referentes a niñas y niños de deportistas que han destacado en esos deportes que rompen los roles tradicionales. Sus logros, las adversidades que tuvieron que superar, todo desde una perspectiva positiva y de empoderamiento.
> - Recupera el deporte o la actividad que le guste a tu niña, hazle ver que es igual de importante que el de un niño. Se pueden organizar campeonatos de saltar a la comba, volteretas laterales, etcétera.

Los referentes son esenciales. Ya hemos hablado de cómo la historia, la ciencia, la tecnología, la literatura y los medios de comunicación se encargan de invisibilizar a las mujeres. Por eso es fundamental que a las niñas y a los niños se les ofrezcan referentes femeninos. De esta manera, las niñas tendrán ejemplos reales de mujeres que han conseguido éxitos y los niños asumirán que las niñas y las mujeres son capaces, de conseguir lo que quieran y llegar hasta donde se propongan.

El tema de uno de los proyectos de la clase de Infantil de mi hija pequeña, cuando tenía 4 años, fue los superhéroes. Cuando en la reunión de madres y padres levanté la mano para exponer que me parecía un tema complicado, porque las niñas apenas iban a tener representación, la profesora dijo que claro que había superheroínas y me animó a buscarlas y llevarlas a la clase para que las niñas también se sintieran representadas. Así que me sumergí en un mundo completamente desconocido para mí y pedí asesoramiento a mis amistades que eran aficionadas a los cómics. *A priori*, aparecían algunas mujeres superheroínas, pero pronto nos percatamos de que la mayoría de ellas eran la versión femenina de un superhéroe, como Batgirl, Superwoman o Hulka; otras dependían de un superhéroe mayor, como Tormenta, de X-Men, o Catwoman, de Batman, y absolutamente todas estaban hipersexualizadas, vestidas prácticamente con bañador, algo poco apropiado para unas niñas de 4 años, mientras que los superhéroes están tapados completamente. Wonder Woman era la única superheroína independiente. Por lo tanto, no estaba equivocada cuando pensaba que las niñas no se sentirían representadas. El siguiente proyecto fue *Star Wars*, donde, excepto la princesa Leia (no había salido todavía la número 7, con Rey), el resto eran personajes masculinos y las niñas no iban a tener referentes. Siguieron adelante con estos proyectos durante todo un año: es perfectamente normal que las niñas y las mujeres tengamos que identificarnos con personajes masculinos, pero parece inconcebible que los varones tengan que identificarse con personajes femeninos, hasta ahí podíamos llegar.

> **Apuntes**
>
> - Cuentos, películas, biografías de mujeres empoderadas que hayan destacado en áreas diversas.
> - Libros, cuentos y películas en los que haya protagonistas femeninas que solucionen situaciones, en los que el amor romántico no sea la opción principal.
> - Como hay varones que también destacan en áreas estereotípicamente femeninas, es bueno ponerlos como ejemplo, pero es importante hacer hincapié en que incluso en las áreas históricamente femeninas, son los hombres los que acaban destacando. Hacerles saber que las personas son libres de elegir sus aficiones y profesiones, pero hay que hacerles ver las injusticias.
> - Animarlas a que sean creativas y se imaginen como científicas, ingenieras, artistas o lo que ellas piensen que es más interesante.

La publicidad, la televisión y el cine. El cine, la televisión y la publicidad son esos lugares donde nuestras criaturas están vendidas a todos los clichés. En mi casa no se prohíbe nada, pero sí que está claro que para ver cierto contenido hay que hacerlo con capacidad crítica. Eso implica dos cosas: que cada vez que propongo una película mis hijas me preguntan si ha pasado el test de Bechdel (ver tabla), y, por supuesto, casi nunca lo ha pasado, y que tienen que saber que las niñas y las mujeres que aparecen normalmente representadas no se parecen a las niñas y las mujeres de la realidad. También tienen que aprender a detectar cuándo esas niñas o mujeres están siendo cosificadas. La cosificación es un proceso en el que se reduce a la calidad de cosa a una persona, porque aparece representada como un objeto de consumo o porque sus cualidades físicas son más importantes que cualquier otra cualidad: cuando su cuerpo o su sexualidad están por encima de ella como persona o individuo, hablamos de cosificación. Diariamente, nuestras criaturas están expuestas a la visión de escenas en las que las mujeres están cosificadas; cuando vamos paseando por la calle, mis hijas se siguen sorprendiendo al ver imágenes de mujeres desnudas: en la publicidad que nos dejan en el parabrisas del coche donde se ofrece mujeres en situación de prostitución, en los carteles de las marquesinas de publicidad donde las grandes compañías nos muestran a mujeres semidesnudas, en las clínicas de estética que hay en el barrio que tienen una mujer completamente desnuda en una sensual pose en la entrada, en los espectáculos en los que al lado del maestro de ceremonias aparecen azafatas en traje de baño, en las campañas publicitarias en las que las mujeres aparecen sometidas a los hombres, en los anuncios en los que las niñas juegan con muñecas Bratz y los niños con robots Transformers, o en los dibujos animados donde los personajes femeninos están infrarrepresentados y su papel es a menudo el de mera acompañante.

Un estudio[38] realizado en la Universidad de Granada en

---

38. Alonso Valdivieso, C. (2014). *Dibujos animados y estereotipos femeninos*. Granada: Universidad de Granada. [Disponible en: <http://www.seeci.net/cuiciid2014/cd-cuiciid/Documents/Pdfs/MESA%20DE%20INNOVACI%C3%93N/INNOVACI%C3%93N%201/Alonso%20Valdivieso.pdf>.]

2014 analizó 621 personajes de 163 series de dibujos animados que se emitían en ese momento en nuestro país, y especificaba que los personajes femeninos que aparecen en las series de dibujos animados están asociados a estereotipos negativos: las mujeres se presentan como consumistas, superficiales, celosas y obsesionadas por su aspecto físico y para agradar a los demás. Únicamente un 33,6 % de los personajes son femeninos, lo que las reduce a una por cada dos varones, y su personaje está relegado casi siempre al de novia, madre o acompañante del protagonista o del villano. Por supuesto, más del 90 % de estas series infantiles están escritas y dirigidas por hombres, otro dato que hay que tener en cuenta.

En la ficción del cine y la televisión, tenemos varias opciones para intuir si el contenido que estamos viendo es sexista y evidenciar así que no superan la brecha. Aunque, ojo, puede pasar el filtro y, sin embargo, pinchar igualmente. Veamos:

Coeducación

SE LLAMA	QUÉ PRETENDE	CÓMO SE HACE	DÓNDE LO PODEMOS VER
Test de Bechdel	Evidenciar que las tramas femeninas en ficción carecen de importancia o, directamente, no existen.	Tiene que cumplir tres requisitos: debe haber dos mujeres, esas dos mujeres deben tener una conversación entre ellas y la conversación debe versar sobre cualquier cosa que no sean varones (ni siquiera un padre o familiar).	Te propongo que elijas tus diez películas favoritas y valores si alguna de ellas pasa este test. Si te parece excesivo, cambia las mujeres por hombres y haz el experimento de nuevo. Te vas a sorprender. Un dato: ni *¡Olvídate de mí!*, ni *Harry Potter*, ni *Gravity*.
Principio de Pitufina	Probar que hay personajes femeninos que no tienen otro rol que el de ser solo chicas.	Todos los personajes principales son varones excepto una mujer/chica. Los diferentes varones protagonistas tienen distintos roles, mientras que la chica o mujer que aparece solo tiene un rol y cumple los estereotipos de su sexo a la perfección.	*Pitufos* (Pitufina), *Los Muppets* (Peggy), *Star Wars* (Leia), *Patrulla canina* (Skye en la primera temporada), *Jake y los piratas de Nunca Jamás* (Izzi), *Harry Potter* (Hermione), *Big Bang Theory* (Penny en las primeras temporadas), *Stranger Things* (Eleven), etcétera.
Test de la lámpara *sexy*	Demostrar que hay personajes femeninos que solo sirven para adornar.	Si sustituimos al personaje femenino por una lámpara *sexy*, la historia funciona exactamente igual.	Casi todas las películas de acción y superhéroes.
Test Mako Mori	Constatar que algunos papeles femeninos solo están ahí para completar el papel masculino.	Para saber si se cumple, debe haber un personaje femenino, este personaje debe tener su propio arco argumental y el arco argumental no debe servir solo para hacer avanzar la trama del personaje masculino.	Casi todas las películas de acción y superhéroes. Además de cualquier otro tipo de películas en las que la mujer no tenga una trama propia.

¿Esto es infalible? En absoluto: *Amélie*, por ejemplo, pasaría los filtros y, sin embargo, pincha porque promueve una imagen de amor romántico perjudicial, ya que se enamora de un desconocido al que le presupone sensibilidad.

Los medios de comunicación y la publicidad[39] son agentes de socialización y desempeñan un importante papel en la transmisión de estos roles de género. Colaboran en la transmisión de mensajes sexistas e impiden una construcción igualitaria y real de la imagen de las mujeres.

En un estudio[40] de la Universidad de Vigo explican lo siguiente:

> Los mensajes publicitarios refuerzan los estereotipos de agresividad, inteligencia, vigor y eficacia para lo masculino; pasividad, ignorancia, debilidad y docilidad para lo femenino. Los mensajes dirigidos a las niñas son para alimentar al bebé con la leche del biberón y acostarlo en la cuna, o para calmar el llanto con el chupete y enternecerse cuando diga ma-má (nunca dirá pa-pá). Desde la palabra social las niñas se reafirman en el mundo del hogar, símbolo de lo interior frente a lo exterior, al que accederán

---

39. Gil Gómez, L., y Pérez Asperilla, E. (2012). *Publicidad, estereotipos y roles de juego desde una perspectiva de género* (trabajo de fin de máster). Madrid: Universidad Complutense de Madrid. [Disponible en: <http://eprints.ucm.es/16605/>.]

40. Iglesias Méndez, M. L., y Pereira Domínguez, C. (2009). «La publicidad de los juguetes. Una reflexión sobre sus contravalores y sobre el fomento de la desigualdad de género», en Sahuguillo, P. (ed.). *Educación, género y políticas de igualdad*. Valencia: Universidad de Valencia [Disponible en: <https://rpd.unibo.it/article/viewFile/1703/1076>.]

Coeducación

de la mano de la moda y por la objetivación de sus cuerpos. A los niños, en cambio, se los invita a vivir grandes aventuras (*Piratas del Caribe*, *Spiderman*, *Caballeros del Zodíaco*, etcétera.) o combates sin fin que valoran la violencia masculina o canalizan la agresividad, posibilidad inimaginable para las siempre dóciles niñas. Son palabras, en fin, que hablan en masculino, que crecen y nutren el espacio social de términos de conquista y competición, que optan y valoran el poder destructor frente al creador.

Apuntes

- Tienen que saber qué es la publicidad, la televisión y el cine. Deben saber que las personas que aparecen ahí no representan la realidad, la gran mayoría de las mujeres no son así, y si perpetúan los roles sexistas dan un ejemplo negativo.
- Las mujeres en la publicidad o el cine perpetúan el rol de sumisión, belleza obligada y complaciente. Chicas y chicos tienen que saber que esos roles no son reales y que es necesario cambiarlos.
- Los roles masculinos muchas veces están estereotipados en torno a la violencia, donde los superhéroes o los piratas tienen que luchar o los personajes masculinos se enfrentan a otros y resuelven su conflicto luchando: chicas y chicos tienen que aprender que la violencia no resuelve los conflictos y hay que evitar que los niños asuman la violencia como un juego, ya que, como hemos visto, estos juegos perpetúan muchas actitudes en el futuro que son muy perjudiciales, como la violencia machista, donde el hombre resuelve su frustración con violencia y la mujer asume que es normal.

> **Dinámica para hacer en casa**
>
> Vamos a cambiar los roles en casa. Si estamos perpetuando algunas conductas estereotipadas, es el momento de invertir los roles: encarga a tu hijo que, bajo vuestra supervisión, se ocupe de cocinar, planchar, poner lavadoras o cualquier otra tarea destinada tradicionalmente al rol femenino. A tu hija, que se encargue de cambiar una bombilla, ayude a arreglar el fregadero o monte un pequeño mueble, siempre con supervisión.

Educar en la diversidad

Recuerdo cuando empecé a tener conciencia ecológica, hace veinte años. Yo tenía un entorno muy conservador que, en ese momento, era incapaz de apreciar el problema del medioambiente. Daba igual que yo hablara del cambio climático o de los tóxicos de los alimentos y de los productos de limpieza, porque los ecologistas eran unos *hippies* que no tenían ni idea de qué iba la vida. A día de hoy, casi todo el mundo es consciente de estos problemas, vengan del entorno social que vengan. Aunque quedan algunos negacionistas, la gran mayoría ve *normal* reciclar la basura, es consciente del cambio climático o compra productos sin tóxicos. Lo que hace veinte años era una excentricidad, hoy es algo habitual.

Lo *normal* no existe. ¿Qué significa exactamente la palabra *normal*?, ¿qué es lo *normal*? Para algunos, es la norma social aceptada por la mayoría. Sin embargo, de nuevo es un tema que tenemos que replantearnos, ya que, según tu situación social, tu contexto, tu entorno y tu familia, lo normal será una cosa u otra. Para una familia católica, lo normal será rezar y asistir a misa los domingos. En la cultura gitana, lo normal será casarse muy joven y llegar virgen al matrimonio. En las familias monoparentales, lo normal será convivir con un solo padre o madre. Para las personas que practican el poliamor, lo normal será tener varias parejas. Entonces, si según la realidad de cada uno lo normal representa una cosa u otra, ¿por qué insistimos en la *normalidad*?

Es importante que les enseñemos a nuestras criaturas que todas las opciones de vida son válidas y que lo normal no es necesariamente lo mejor, ya que las diferentes épocas han considerado anormales comportamientos que ahora están perfectamente aceptados y normalizados, y al revés, han considerado normales comportamientos que hoy reprobamos. La homosexualidad era un delito hasta hace poco y ahora, en algunos países, cuentan con los mismos derechos que los heterosexuales. Hace diez años veíamos perfectamente *normal* fumar en el metro o en un restaurante y, sin embargo, hoy nos parecería algo *anormal* hacerlo. Que nuestras niñas y niños tengan la mente abierta es fundamental para eliminar estereotipos y roles que seguimos conservando y arrastrando del patriarcado. Así que la próxima vez que escuches que «los hombres no viven la paternidad como las mujeres» porque es «lo normal», por lo menos cuestiónate qué es la *normalidad*.

Respeto a la diferencia. Respetar no es tolerar. *Tolerar* significa *soportar*, por lo tanto, cuando hablo de respeto a la diferencia no hablo de *tolerarlo*, ni de ser *tolerante*, sino de respetar de verdad: aceptar la diferencia y asumir que la *normalidad* no existe. Esto convertirá a nuestras chicas y chicos en personas más empáticas, que sabrán respetar las opciones de vida diferentes. Les enseñaremos que los convencionalismos sociales nos encorsetan, que hay muchas maneras de hacer las cosas y que una misma persona se puede expresar de cualquier forma, y que esa manera de expresar puede ser muy válida. También tienen que aprender que hay personas que son diferentes porque tienen necesidades especiales, porque tienen otro color de piel o porque físicamente se expresan de otra forma con el pelo de colores o tatuajes por el cuerpo. Aprender que todo el mundo es diferente, y que por eso el mundo es tan interesante, es una visión muy positiva sobre la riqueza que aporta la diversidad en todos los aspectos. Lo ideal es conocer a esas personas y que formen parte de su vida, pero si en nuestro círculo no hay referentes tan distintos, también se pueden visualizar películas, series, documentales o leer libros en los que puedan ver todo tipo de personas, una forma perfecta para que vayan incorporando a su cotidianidad estos ejemplos.

Diferentes modelos de familia. Alrededor del mundo y de la historia podemos encontrarnos con varias tipologías de familias que se alejan mucho de la concepción occidental:[41] en las comunidades kibutz las hijas y los hijos no viven con

---

41. Nieto, J. A. (2003). *Antropología de la sexualidad y diversidad cultural.* Madrid: Talasa Ediciones.

sus padres, se crían en la comunidad, o el matrimonio mut'a, un tipo de emparejamiento que se da en algunos países islámicos, de duración determinada, en el que, al finalizarlo, el hombre paga a la mujer por los servicios prestados. Estos son solo algunos ejemplos de modelos de familia para entender que la construcción social que se tiene del concepto en Occidente puede ser muy diferente a la del resto de los países.

Aunque mis hijas tienen a su alrededor tipos de familias diversos (aunque no tan diversos como los que te acabo de contar), a veces se sorprenden cuando algo se aleja de su *normalidad*; supongo que, como la gran mayoría siguen siendo familias convencionales, y en los referentes culturales también se sigue esa *norma*, a veces les llaman la atención las situaciones que son diferentes. Una de las mejores amigas de mi hija pequeña es hija de una familia monomarental, sin padre. Desde que la conoció, con tres años, me preguntaba insistentemente por el padre de esta niña. No entendía que no tuviera padre. «Pero ¿está muerto?, ¿está separado?» «No, no tiene padre –le contestaba yo–, las familias pueden ser de muchas formas, y en este caso son ella y su madre». Tardó un poco en normalizar la situación, pero ahora, por suerte, le parece un modelo de familia como otro cualquiera.

Nuestras criaturas tienen que conocer modelos de familia diferentes: hay familias que están compuestas de madre y padre y tienen seis criaturas, otras familias no tienen hijas ni hijos, hay personas sin pareja, otras familias están compuestas por dos padres o dos madres, otras tienen solo un padre o una madre, otras tienen madres y padres separados, otras madres y padres separados que se han vuelto a juntar con otras parejas y tienen hijas e hijos nuevas o aportan hijas e hijos de parejas anteriores..., así hasta el infinito. Además, esas familias pueden tener madres o padres que dejan de trabajar para ocuparse de las hijas e hijos, otras delegan parte del bienestar de sus criaturas en cuidadores... Lo que es importante es trasladar el mensaje de que la familia tradicional, donde la madre tiene unos roles y el padre otros, tiene que desaparecer, porque son el germen de las desigualdades sociales. Que nuestras criaturas aprendan que existen modelos de familias diferentes, que sepan que pueden plantear su vida de la forma que mejor les parezca, ayuda a la ruptura de estereotipos.

Aprender a no juzgar. Juzgar de forma negativa. Es bueno fomentar que tengan su propio criterio y que desarrollen el pensamiento crítico, pero tienen que aprender a no juzgar ni opinar sobre las personas y sus decisiones. En su lugar, deben reconocer que diferentes cosas funcionan para diferentes personas.

Para esto es fundamental educar con el ejemplo: que no te vean a ti opinando sobre otra persona, sobre su aspecto, el estilo de vida que ha elegido o la decisión que ha tomado. Si te sientes forzado a emitir un juicio, hay que tener mucho cuidado con lo que se dice.

Esto de controlar lo de emitir juicios te puede parecer una banalidad, pero es fundamental para evitar el acoso, la crítica destructiva y la intolerancia.

Trabajar las habilidades sociales, la inteligencia emocional y la empatía. La inteligencia emocional es la capacidad que tenemos para reconocer nuestros sentimientos y los de otras personas y, sobre todo, saber gestionarlos. Queremos que nuestras niñas y niños reconozcan sus emociones y aprendan a canalizarlas, que se pongan en el lugar del otro y tengan empatía, que posean habilidades sociales… De esta manera serán capaces de utilizar sus emociones de forma efectiva para comprenderse a ellos mismos y comprender a los demás.

Esto es fundamental para dominar los accesos de ira, la frustración, los celos, la envidia, la tristeza…, todas son emociones válidas y todas las personas podemos experimentarlas, pero es necesario aprender a gestionarlas correctamente para prevenir, entre otras cosas, maltrato, conflictos y violencia machista.

Nuestras criaturas tienen que relacionarse en un mundo muy variado, donde van a encontrar gente de todo tipo. Por ello es importante que les enseñemos herramientas para que aprendan a desenvolverse en cualquier escenario y ante cualquier persona de forma pacífica y equilibrada. Para ello, aprender a gestionar sus emociones y sentimientos, trabajar la tolerancia y aprender a respetar las distintas razas, religiones, opciones sexuales, diferentes capacidades y diversidad de opiniones y trabajar las habilidades sociales son elementos fundamentales para su desarrollo. Asumir que las personas son diferentes y que tampoco es bueno estereotiparlas a ellas les va a dar una visión del mundo mucho más flexible.

También es eficaz, en referencia a los sentimientos negativos, que sepan que es normal que los sientan, pero que deben aprender a gestionarlos:

Apuntes

- La asertividad les enseña que sean cuales sean sus opiniones o sus emociones, pueden expresarlas con respeto. Se puede decir todo siempre que se haga con amabilidad. Que sepan que tienen libertad para expresar lo que sienten o lo que piensan les da seguridad para avanzar.
- Para gestionar la envidia lo ideal es reconocerla, aceptarla y hacer autocrítica para buscar la manera de conseguir por uno mismo lo que se envidia.
- Para gestionar los celos deberían aprender a confiar en sí mismas, eliminar las obsesiones y aprender que las personas no nos pertenecen y son libres.
- Para evitar la agresividad es efectivo aprender técnicas de negociación y actividades que liberen tensiones, como el deporte y el ejercicio físico.

A ser feliz se aprende

- La felicidad se aprende, y tiene muy poco que ver con el contexto, el entorno y la vida de cada persona. Se puede ser feliz a pesar de tener circunstancias adversas alrededor, porque la felicidad está dentro de cada persona.
- La vida está llena de obstáculos y es importante que nuestras criaturas los asuman como retos que tienen que superar con paciencia y esfuerzo.

- *No* es una palabra que van a escuchar muchas veces a lo largo de su vida. Cuanto antes la asuman, mejor. También es fundamental aprender a decirla.
- Educarlos para que superen las frustraciones y aprendan de las experiencias.
- Ayudarlos a que sepan reconocer sus emociones y expresar sus sentimientos.
- Aprender a identificar lo que los hace felices, y hacerlo.
- Diversificar las pasiones: enseñarles a tener sus aficiones y pasiones muy repartidas para que su fuente de felicidad no sea única, y si pierden una de sus fuentes de felicidad, sigan siendo felices.
- Vivir la vida con sentido del humor.

Práctica para hacer con las criaturas: Tienen que dibujar una niña y le vamos a pedir que lo hagan con una pelota de fútbol, el pelo corto, pantalones, etcétera. También tienen que dibujar un niño con pelo largo, falda y jugando a las muñecas. Después investigaremos conjuntamente para saber si creen que esa niña y ese niño lo son en realidad y cómo creen que se sienten. La finalidad del juego es que asuman que hay muchas formas de ser niña o niño, que todas son correctas y que cada uno se expresa como prefiere. También trabajaremos la empatía, para que se identifiquen con una persona que se siente de una manera y quiere expresarse de esa manera.

Tus criaturas seguirán tu ejemplo en lugar de tu consejo

He aprendido esta máxima a base de cometer un error detrás de otro. La de veces que les digo que recojan su cuarto y me dicen que tengo los zapatos por el suelo. La de veces que les digo que no griten y me dicen que yo grito. Las madres, los padres y los educadores no podemos ser perfectos, pero al menos deberíamos tenerlo en cuenta de cara a educar a nuestras criaturas. Para ello, lo ideal sería que fuéramos coherentes con el tipo de educación que les queremos dar, y si queremos educarlas en el feminismo, es importante que en casa vean que se practica la igualdad.

Roles de madres y padres. Lo que hacemos diariamente en casa va a suponer un sello grabado a fuego en la construcción del género y de la sociedad que nuestras criaturas están desarrollando. Sí o sí hay que repartirse las tareas del hogar y del cuidado de hijas e hijos, por nuestro bienestar y por su bienestar futuro.

A día de hoy, en España, solo el 65,6 % de las mujeres con hijos menores de 12 años trabaja, frente al 90,3 % de hombres. Solo el 2,7 % de los padres utiliza el permiso por paternidad. Los hombres que trabajan dedican 9 horas a la semana a cuidar a los hijos frente a las 26 horas en el caso de las mujeres.

«Esto está conseguido», me dirás, sobre todo si crees que tienes más suerte y que has conseguido una igualdad en el hogar. La lucha de muchas madres en relaciones heterosexuales ya no es tanto la carga de tareas sino la carga mental. La socióloga Susan Walzer realizó un estudio en 1996 titulado *Thinking About the Baby*, donde entrevistó a 23 parejas que se habían convertido en padres y madres un año antes. Su estudio constató que las mujeres no solo hacían más cosas que sus parejas, sino que, además, eran las encargadas de pensar las cosas que había que hacer.

Es probable que hoy en día haya madres y padres que tengan trabajos con horarios y responsabilidades similares, y entonces los padres pueden hacer la cena, ocuparse de los baños, hacer la compra, recoger la ropa del tinte, ayudar con los deberes y un largo etcétera. El problema reside en que, generalmente, cumplen órdenes. Las mujeres son las directoras de operaciones y los hombres son los ejecutores de, en el mejor y más optimista de los supuestos, la mitad de las operaciones. Pero el gran problema reside en que, en la mayoría de las familias, siguen siendo ellas las que organizan y realizan la mayor parte de los trabajos, un trabajo que, además, es completamente invisible: la carga mental. Esta carga mental, pensarlo y organizarlo absolutamente todo, es lo que hace que un hogar funcione. Te propongo que leas esta tabla y colorees la parte que haces tú o tu pareja, si la tienes. Seguro que hay muchas cosas que pensarás que la parte masculina hace también. Perfecto. Pero colorea lo que hace uno y otra y pregúntate: ¿hay desigualdad?, ¿se te ocurren más cosas que tienes que pensar con respecto a la gestión que no están contempladas?

Ni las niñas son de Venus ni los niños de Marte

Alimentación	Prever qué vamos a comer y cenar en los próximos días, teniendo en cuenta lo que nuestras criaturas comen en el colegio para no repetir, y pensar comidas saludables que aporten nutrientes necesarios para las criaturas y una variedad más ligera para adultos, si es el caso.	
	Comprar los ingredientes para hacer las comidas y cenas, teniendo en cuenta que en este mercado la carne es mejor de precio y en este otro el pescado es de mejor calidad.	
	Cocinar las comidas y las cenas.	
	Prever las meriendas de las criaturas, teniendo en cuenta que tienen que ser sanas y que deben tener fruta, hidratos sin grasas saturadas ni trans y proteína. Acordarse de en qué meriendas a la semana pueden tomar un extra poco saludable y saber cuándo se lo has dado la última vez.	
	Comprar las meriendas de las criaturas.	
	Preparar las meriendas de las criaturas cada día.	
	Meter las meriendas de las criaturas en la mochila cada día.	
Ropa criaturas	Saber qué necesidades tienen de ropa: calzado, vestuario, extras.	
	Saber cuándo se le queda pequeño algo.	Pensar si le puede servir a su hermana o hermano, familia o amistades.
		En caso de que le pueda servir, guardarlo (y acordarte de sacarlo cuando toque).
		Si no le sirve a otra criatura cercana, valorar si está en buenas condiciones para donarlo o tirarlo.
		Hacer dos bolsas y llevarlas al sitio correspondiente.
	Ir a comprar la ropa, conocer dónde se les compra la ropa normalmente, las tallas y acertar para que le guste a la criatura si no has ido con ella.	
Cuidadora (sí, casi siempre es una mujer)	Organizar cuándo necesitamos cuidadora.	
	Si tu cuidadora habitual no puede, pedir a tus contactos una cuidadora de confianza.	
	Contactar con ella para ver si puede ocuparse, negociar horario y salario.	
	Explicarle la mecánica de las criaturas para que se haga con ellas.	
	Contar con tener el dinero para pagarle.	

Coeducación

	Tener en cuenta el calendario de revisiones y vacunas.		
	Pedir cita en el centro de salud.		
	Organizarse para llevar a las criaturas a la cita.		
Médicos criaturas	Observar si hay otros especialistas a los que llevar a las criaturas de forma anual.	Odontología	Pedir cita
			Llevarlas a la cita
		Oftalmología	Pedir cita
			Llevarlas a la cita
		Dermatología	Pedir cita
			Llevarlas a la cita
		Alergología	Pedir cita
			Llevarlas a la cita
		Otros	Pedir cita
			Llevarlas a la cita
Pagos	Pensar cuánto y cuándo hay que pagar.	Extraescolares.	
		Empleada de la limpieza.	
	Realizar el pago en metálico o la transferencia.	Regalos, varios, extras.	

Ni las niñas son de Venus ni los niños de Marte

Cosas de la casa	Colada	Cambio de sábanas y toallas	Pensar cada cuánto hay que cambiarlas.
			Cambiarlas.
		De la ropa de las criaturas, diferenciar qué hay que lavar y qué se puede guardar en el armario para otra puesta.	
		Poner la lavadora.	
		Sacar la lavadora y tender la ropa.	
		Planchar.	
		Guardar la ropa planchada en su sitio.	
		Prever que en dos días las criaturas tienen que llevar una ropa específica y lavarla a tiempo para que esté.	
	Compra	Pensar qué hay que comprar.	
		Hacer la compra.	
		Guardar la compra.	
		Darte cuenta de	Se ha acabado el aceite y si no compras hoy, no habrá para echarle a la ensalada en la cena.
			Se ha acabado la pasta de dientes y hay que comprar más.
			Se ha acabado el detergente y hay que comprar más.
			Se han acabado las galletas de desayuno de las criaturas.
			Se ha acabado cualquier cosa que te puedas imaginar y la vida va a ser un poquito más incómoda si no lo compramos pronto.
	Orden	Recoger las cosas que hay por la casa y guardarlas en su sitio.	
		Pensar sistemas de almacenaje previendo lo que vas a tener que guardar.	
	Mantenimiento	Detectar que se funde una bombilla, acordarte de comprar la bombilla y cambiarla.	
		Detectar que un desagüe no funciona bien.	
		Acordarte de comprar el producto.	
		Echarlo.	
		Detectar cualquier cosa que deje de funcionar, se estropee, y acordarte de repararlo.	
		Saber que hay que apuntar el gasto del contador del agua.	
		Anotarlo y dar el número a quien corresponda.	

Coeducación

Colegio criaturas	Deberes (Sí, nuestras criaturas tienen que ser independientes y es su responsabilidad hacer los deberes y estudiar para los exámenes, pero si tenemos una criatura que necesita un poco más de control para, digamos, pasar el curso, alguien tiene que estar pendiente.)	Enterarse de si tiene deberes o examen, o si tiene que hacer un trabajo y cuándo tiene que entregarlo.
		Si es necesario, comprar el material para hacer ese trabajo, buscar las fotos e imprimirlas.
		Recordarle a nuestra criatura que tiene que estudiar, insistir para que se siente a estudiar o a hacer los deberes.
		Estar pendiente por si tiene notas en la agenda.
	Reuniones con las profesoras y profesores	Enterarte de cuándo es la reunión y valorar si puedes asistir.
		Organizar todas tus obligaciones cotidianas para asistir a la reunión.
		Valorar la posibilidad de concertar una entrevista personal con la profesora o el profesor.
	Excursiones y salidas	Estar pendiente de todas las circulares que envían desde el colegio para saber cuándo tiene salidas.
		Prever con tiempo esas salidas por si tiene que llevar algo específico.
		Ocuparse de que lleve ese algo específico. Comprarlo, acordarse de que lo meta en la mochila.
	Compra de libros y material	Enterarte de los libros y material que es necesario comprar.
		Valorar las opciones existentes para encontrar la más fácil y rentable.
		Encargarlo.
		Ir a recogerlo.
AMPA	Estar pendiente del pago del AMPA en su momento.	
	Estar pendiente de los correos del AMPA para saber todas las novedades y excepciones.	

Ni las niñas son de Venus ni los niños de Marte

Grupos de WhatsApp del colegio (si has sobrevivido a ellos y conservas alguno)	Cumpleaños	Enterarte de la fecha del cumpleaños, anotarla y ver que no te coincide con otra cosa.
		Confirmar.
		Ocuparte del regalo o de decirle a la madre de turno (casi siempre es una madre, por supuesto) que participas en el regalo.
		Acordarte de llevar el dinero y acordarte de pagar el regalo.
		Dar las gracias a las organizadoras del cumpleaños.
	Extraescolares	Saber las extraescolares a las que tu criatura se quiere apuntar.
		Agendar las extraescolares para que no coincidan y negociar con las criaturas.
		Acordarte de pagar cada mes las extraescolares, acordándote de los días que no ha asistido y del material extra que había que pagar.
		Hacer el pago.
		Llevar a la criatura a la extraescolar. Si tienes varias criaturas, organizar la llevada y recogida de cada una.
Cuando no hay colegio	Días festivos de calendario escolar, pero no de calendario laboral	Anticiparse para saber los días que el calendario escolar da libres a las criaturas.
		Organizar cómo gestionar ese día.
	Vacaciones infantiles que no coincicen con las vacaciones de los progenitores.	Estar pendiente de las fechas en las que salen las solicitudes de plaza de los campamentos.
		Realizar un estudio para valorar el campamento o la opción más adecuada.
		Realizar la reserva y el pago del campamento o la opción elegida.
Vacaciones		Pensar el calendario de las vacaciones.
		Pensar el destino con las opciones y variables.
		Reservar el alojamiento.
		Comprar los billetes.
		Pensar la maleta.
		Pensar las cosas necesarias para el viaje.
		Pensar en lo que las criaturas necesitan para el viaje.
		Comprar lo necesario.
		Hacer las maletas.
		Deshacer las maletas.

Ocio	Pensar las opciones de ocio existentes.
	Contactar con las amistades para organizar la quedada.
	Valorar las opciones de criaturas sí o no, plan específico, etcétera.

Hijas e hijos de madres trabajadoras. Kathleen L. McGinn, profesora de la Escuela de Negocios de Harvard, realizó un estudio[42] sobre el impacto que tienen en las hijas e hijos las madres que trabajan fuera de casa. Querían averiguar si el hecho de crecer con una madre trabajadora influye en el empleo, la responsabilidad de supervisión, los ingresos, la asignación del trabajo en el hogar y la atención a los miembros de la familia. Realizaron el análisis entre 2002 y 2012 en 24 países desarrollados, con más 50.000 personas: entre otras, una de las conclusiones más sorprendentes fue que los hombres criados por mujeres que trabajan fuera del hogar son significativamente más igualitarios en sus relaciones de pareja: se ocupan más de las tareas del cuidado y del hogar y son más conscientes de que las contribuciones en el hogar y en el trabajo son igualmente valiosas.

Según la investigación de McGinn, las hijas de las madres trabajadoras ganan hasta un 23 % más que las hijas de las amas de casa. Volvemos a lo mismo: ojalá viviéramos en un mundo en el que el trabajo no fuera la principal fuente

---

42. McGinn, K.; Long Lingo, E., y Ruiz Castro, M. (2015). «Mums the Word! Cross-national Effects of Maternal Employment on Gender Inequalities at Work and at Home», *Harvard Business School Working Paper*, n.º 15-094. [Disponible en: <https://dash.harvard.edu/bitstream/handle/1/16727933/15-094 %20(2).pdf?sequence=4>.]

de ingresos para cubrir nuestras necesidades, ojalá el sistema económico fuera otro en el que mujeres y hombres pudiéramos disfrutar más de nuestra vida personal. Hasta que llegue ese momento, la única manera que las personas tienen para ser independientes y salir de la pobreza es o heredando una gran fortuna o trabajando. Así que la mayoría vamos a tener que dedicar buena parte de las horas al trabajo. También es importante que las renuncias se hagan por igual, madres y padres en familias heteronormativas: las reducciones de jornadas, las excedencias, los descansos por paternidad o maternidad, es importante que ambos progenitores den ejemplo compartiendo la responsabilidad del hogar y es fundamental que se establezcan leyes en esa dirección. Hasta ahora, en casi todos los supuestos, es la mujer la que hace las renuncias laborales a favor de la familia; lo ideal es que ninguno tuviera que hacer ningún tipo de renuncia y que se pudiera conciliar (pero no solo por el cuidado de criaturas, conciliar con la vida, también). Hasta que llegue ese momento, tenemos que ser conscientes de que es posible que algunos sacrificios laborales que hagamos hoy nos pueden pasar factura mañana, así que debería tenerse en cuenta por parte de las dos cabezas de familia. Este estudio es un ejemplo claro de cómo los referentes son fundamentales para realizar constructos sociales.

De la misma manera, en otro estudio[43] la investigación

---

43. Amin, A., y Chandra-Mouli, V. (2014). «Empowering adolescent girls: developing egalitarian gender norms and relations to end violence», *Reproduc-*

demuestra que los hombres y los niños que están expuestos a la violencia infantil y que tienen actitudes desiguales con respecto a cuestiones de niñas y niños son más propensos a perpetrar la violencia contra las mujeres y las niñas. Esto significa que lo que los niños vean en casa va a ser un modelo de conducta grabado a fuego: si un hijo observa que su padre insulta, humilla o golpea a su madre, por mucha coeducación y educación feminista, aprenderá que los conflictos se resuelven así.

Lenguaje inclusivo: lo que no se nombra no existe. Es fundamental hablar de forma que los dos sexos se sientan incluidos. Generalmente, en el lenguaje, el masculino se apropia de todo el campo semántico, y las mujeres y las niñas apenas están representadas, o su representación es sexista. Esto no es algo espontáneo y natural, forma parte de la construcción social, del patriarcado imperante y del androcentrismo que nos invade: el lenguaje lo hemos creado la humanidad y lo hemos hecho desde nuestra percepción de un mundo en el que el hombre es la medida de todas las cosas.

Dice Mercedes Bengoechea[44] que el lenguaje refleja y construye nuestra concepción del mundo y la realidad. Eso

---

tive Health, vol. 11, n.º 1, p. 75. [Disponible en: <https://www.ncbi.nlm.nih.gov/pmc/articles/PMC4216358/>.]

44. Bengoechea, M. (2003). *Guía para la revisión del lenguaje desde una perspectiva de género*. Vizcaya Diputación Foral de Vizcaya. [Disponible en: <http://www.bizkaia.eus/home2/Archivos/DPTO1/Noticias/Pdf/Lenguaje%20Gu%C3%ADa%20lenguaje%20no%20sexista%20castellano.pdf?hash=f095fb31dd7d2f3a723853e648cbb722>.]

significa que los términos, las frases y el lenguaje que usamos para describir lo que tenemos alrededor, incluidas las personas, organizan la manera que tenemos de interpretarlo y estructurarlo.

En nuestro idioma, esto ha ayudado durante siglos a establecer relaciones injustas entre los sexos.

Bengoechea hace un minucioso estudio sobre ello y hace varias clasificaciones que ejemplifica debidamente: asociaciones que se hacen, como la de «sexo débil» como mujer; los tratamientos de cortesía, que para mujeres distinguen si está casada o no («señorita», «señora»), pero en los varones no; la jerarquización que tradicionalmente se construye: «hermanos y hermanas», «padre y madre», «hijos e hijas», «hombre y mujer», donde siempre el masculino va el primero; la ausencia de nombres para designar profesiones en femenino, como «piloto» o «soldado», o el caso de «médica» o «música», cargos válidos cuyo uso no está nada extendido.

El lenguaje tiene un sentido simbólico enorme, y las cosas que no se nombran no existen. La mujer está deliberadamente invisibilizada en el lenguaje: el genérico masculino no nos representa y el lenguaje completamente androcéntrico perjudica y perpetúa las desigualdades. Por este motivo, a la hora de coeducar a nuestras criaturas, debemos tener cuidado de no utilizar el masculino genérico y trabajar las opciones que nuestra lengua nos muestra.

- Hablar de personas y hacerlo en femenino: «Todas estamos de acuerdo» (las personas).

Coeducación

- Dirigirnos a «niñas» y «niños» con este desdoblamiento o con sinónimos como «infancia», «criaturas», y otras formas.
- Esto se hace extensible al resto de campos: seres humanos en lugar de «hombres», «personas morenas» en lugar de «morenos», etcétera.
- Se puede usar el genérico femenino si hay más niñas y mujeres que varones, por ejemplo: «Venid todas a mi casa» (si en el grupo hay más chicas que chicos, o incluso referido a personas).

> **Juego de rol**
>
> Queremos que nuestras criaturas asuman el rol de su padre y el de su madre. Les vamos a pedir que nos imiten, desde una perspectiva muy lúdica, y vamos a tomar nota de todos los roles que representan para averiguar si son reales o son percepciones que tienen.

Lo que está claro es que el lenguaje que usemos con nuestras criaturas tiene que ser inclusivo para que todas las personas se sientan representadas. Como dice Montserrat Moreno en *Cómo se enseña a ser niña: el sexismo en la escuela*, cuando una madre le está enseñando a su hija el lenguaje, además de enseñarle a comunicarse, le está enseñando, sin saberlo, un sistema para interpretar el mundo. La palabra *niña* está incluida también en una categoría y, poco a poco, esta se dará cuenta de qué significa serlo.

Técnicas de negociación

A veces ocurre que mujeres y hombres no se entienden porque carecen de las habilidades sociales necesarias para entenderse. El patriarcado y el machismo son el sistema en el que el entendimiento se hace complicado, pero si, además, se carece de técnicas de negociación y resolución de conflictos, es más fácil usar la violencia, las agresiones verbales y las descalificaciones. Tenemos que darles herramientas a niñas y niños, futuras mujeres y hombres, para solucionar conflictos, para que jamás recurran a la violencia durante episodios de ira, enfado o desacuerdos.

De forma cotidiana, madres y padres nos enfrentamos a negociaciones con nuestras criaturas. Forma parte de la educación y es bueno negociar con ellas. Así aprenden que se pueden solucionar las cosas llegando a acuerdos pacíficos. Nuestras criaturas tienen que ser eficientes utilizando estas técnicas, porque saber negociar es una habilidad social imprescindible para desenvolverse por la vida sin tener que acatar todas las normas que nos imponen.

- Educación y respeto. Escuchar las demandas de la persona que tiene delante y valorarlas. Exigir ser escuchada de la misma manera.
- Tener claro cuál es su objetivo y tener en cuenta que ese objetivo igual tiene que cambiar para que la negociación llegue a un buen acuerdo.
- Saber argumentar. Datos, exposición clara y mucha mucha mucha información. Para eso se requiere una práctica constante.

Coeducación

- Estar abiertos a valorar un punto de acuerdo en el que ambas partes salgan ganando y estudiar todas las alternativas.
- Debe tener en cuenta que no se puede insultar ni minusvalorar las peticiones del contrario.
- Buscar soluciones.

> **Apuntes**
>
> Tienen que aprender a establecer prioridades y hacer las menos renuncias posibles durante la negociación:
>
> • Hoy tiene muchos deberes y quiere jugar en el parque: si le enseñamos a organizarse bien, es posible que pueda hacer las dos cosas: podrá jugar un rato con su amiga en el parque y luego irá a casa para estudiar. Pero entonces no tendrá ese ratito para leer en la cama y tendrá que irse directa a dormir.
>
> • Tiene que recoger el dormitorio, pero quiere bajar al parque a jugar porque su amiga está en ese momento. Es el momento adecuado para negociar con ella: bajamos al parque, pero al subir no podrá jugar, tendrá que recoger el cuarto.

Resolución de conflictos

Todas las niñas y mujeres, niños y hombres, van a tener que enfrentarse en la vida a muchas situaciones complicadas, que requieran de habilidades específicas. Las técnicas de negociación son fundamentales, pero cuando la cosa se complica, es imprescindible conocer técnicas de resolución de conflictos.

1. Determinar el conflicto. Lo primero que tienen que saber es que existe un enfrentamiento, una disputa o un desacuerdo, y detectar cuál es.

2. Identificar las emociones. Reconocer cómo se siente debido a esa disputa.
3. Expresar sus necesidades y escuchar las necesidades de la persona que tiene enfrente. Es importante que aprenda a expresar su punto de vista y a escuchar activamente el punto de vista de la otra persona.
4. Valorar soluciones. Dialogar para encontrar una situación que beneficie a ambas partes.
5. Poner en práctica la solución. Es importante ejecutar la solución tomada.

> **Apuntes**
>
> Las niñas y los niños tienen que saber que existen situaciones en las que estas técnicas de resolución de conflictos no funcionan: el clima no favorece soluciones, son casos de *bullying*, acoso sexual o existen trastornos en el comportamiento de la parte contraria.
>
> En estos casos el diálogo no basta, hay que ser contundente y las criaturas y los adolescentes tienen que saber que pueden serlo. Tienen que contar con la ayuda de una persona adulta y cerrarse a cualquier tipo de negociación con la parte contraria.

Coeducación

··· TALLER FEMINISTA ···
Educación feminista para que nuestras hijas puedan ser libres y no valientes y para que nuestro niños puedan ser libres y respetuosos

Lee el libro de Chimamanda Ngozi Adichie, *Querida Ijeawele. Cómo educar en el feminismo* y coméntalo con tus hijas e hijos. Apúntalos en un cartel, bien visibles, las recomendaciones de esta activista feminista. Los consejos que esta escritora nigeriana le proporciona a una amiga suya que acaba de tener una niña son valiosísimos para iniciarnos en el feminismo. Apúntalos en una tabla bien visibles y recuerda cumplirlos siempre.

4.
Calladita NO está más guapa

Empoderar a las niñas

> La libertad se aprende ejerciéndola.
> CLARA CAMPOAMOR

Desde que nacieron mis hijas, tenía muy claro que la única manera que había para que realmente tomaran sus propias decisiones, fueran ambiciosas en su vida y completamente independientes y libres era empoderándolas. Es decir, darles la capacidad real de elegir qué tipo de vida y qué tipo de personas quieren ser. Pero esto de darles poder desde tan pequeñas es complicado, porque en ocasiones me he quitado poder a mí misma como figura de autoridad. ¿Cómo se gestiona esto? Intentando que sean capaces de tomar sus propias decisiones desde muy pronto, favoreciendo su autonomía, pero no solo para hacer las cosas solas, sino también para decidirlas. Y para que la vida sea un poco más fácil, yo intento que cumplan ciertos límites y normas cotidianas, pero les dejo mucha libertad en las decisiones individuales y favorezco la comunicación para que estén seguras de las decisiones que toman.

Está claro que hay cosas en las que no son libres, pero yo tampoco lo soy: el cinturón del coche hay que ponérselo siempre, o cruzar en verde. Ir al colegio y sentarse a hacer los deberes. Cumplir los básicos para formar parte de una sociedad más segura no es negociable. Tampoco somos libres si nuestra libertad supone molestar a alguien: cantar cuando te apetezca puede molestar al de al lado o correr en el pasillo puede molestar a la vecina de abajo. La de veces que le digo a una hija mía que se vaya a duchar y me dice que no puedo obligarla porque ella es libre. Efectivamente, son libres, pero mientras sean pequeñas tengo la obligación de orientarlas en esa libertad, sin que pierdan su esencia.

Empoderar a las niñas significa darles poder, autonomía, libertad. Enseñarlas a luchar contra la indefensión aprendida. Significa que sean capaces de llevar la vida que ellas quieran, de sentir y de ser como ellas elijan. Y también supone darles herramientas para que no consientan el sometimiento del heteropatriarcado, para que, si es necesario, luchen por sus derechos y por lo que es justo. Para que detecten el machismo y lo combatan, para que aspiren a lo que deseen, para que sepan que pueden ser capaces de todo lo que se propongan.

Pero no solo hay que empoderarlas para que alcancen sus objetivos de forma individual: el empoderamiento de la mujer debe repercutir de forma colectiva para que las mujeres alcancen el poder, sean críticas con el sistema patriarcal y consigan una sociedad justa e igualdad real.

Qué sabemos del empoderamiento femenino

Se realizó una investigación[45] en 2004 sobre la educación de las niñas en 12 países diferentes de África, Asia y América Latina. La conclusión a la que llegaron fue que bastantes niñas que eran vulnerables a muchas formas de violencia (violación, acoso sexual, intimidación, burlas, amenazas) abandonaban el colegio, y por este motivo crearon el proyecto Stop Violence Against Girls in School para analizar el fenómeno y corregirlo: se dieron cuenta de que, al aumentar la confianza de las niñas y capacitarlas para desafiar la violencia y la discriminación, prevenían muchas agresiones. Otro estudio[46] llegó a la conclusión de que las niñas que tenían habilidades de resolución de problemas y capacidades de liderazgo tenían más posibilidades de prevenir agresiones machistas en el futuro.

La culpa de las agresiones machistas es de los varones, eso está claro. Y a los que hay que educar intensamente para eliminarlas es a ellos. Pero mientras tanto nuestras niñas deben tener herramientas para no consentir el machismo, detectarlo y luchar contra él si se lo encuentran. Necesitan tener el poder para pasar por encima de todo eso.

---

45. ONG ActionAid.
46. Leff, S.; Waasdorp, T.; Paskewich, B.; Gullan, R.; Jawad, A.; MacEvoy, J.; Feinberg, B., y Power, T. (2010). «The Preventing Relational Aggression in Schools Everyday Program: A Preliminary Evaluation of Acceptability and Impact», *School Psychology Review*, vol. 39, n.º 4, pp. 569-587. [Disponible en: <https://www.ncbi.nlm.nih.gov/pmc/articles/PMC3113534/>.]

Hay otro estudio[47] que destaca la importancia de promover normas igualitarias y empoderar a mujeres y niñas para poner fin a la violencia. A nivel mundial, 1 de cada 3 mujeres experimentará violencia física o sexual por parte de una pareja o violencia sexual por parte de alguien que no sea su pareja. Según este estudio, esta violencia comienza temprano en la vida de las mujeres, y se estima que casi el 30 % de las adolescentes han experimentado violencia de pareja. Los datos destacan que entre las niñas de entre 15 y 19 años que habían experimentado violencia sexual una proporción significativa de ellas habían experimentado violencia sexual por primera vez antes de los 15 años de edad. Y los datos de la *Macroencuesta española de Violencia contra la Mujer* de 2015 son bastante preocupantes: el 21 % de las mujeres menores de 25 años que han tenido pareja ha sido víctimas de violencia machista, frente al 9 % de las mujeres en general.

Los factores de riesgo en la violencia contra las mujeres y contra las niñas varían dependiendo del tipo de violencia y del contexto, sin embargo, existen una serie de factores de riesgo que se repiten: leyes y políticas que perpetúan la desigualdad, normas desiguales, estereotipos sexistas, exposición a la violencia durante la infancia…, es decir: todo lo que la sociedad patriarcal nos transmite.

---

47. Amin, A., y Chandra-Mouli, V. (2014). «Empowering adolescent girls: developing egalitarian gender norms and relations to end violence», *Reproductive Health*, vol. 11, n.º 1, p. 75. [Disponible en: <https://www.ncbi.nlm.nih.gov/pmc/articles/PMC4216358/>.]

Calladita NO está más guapa

En este mismo estudio explican con claridad que si bien se han desafiado las «masculinidades dominantes», existe una necesidad de desafiar las «feminidades pasivas», o normas que perpetúan la subordinación femenina y que tienen impactos devastadores en la autoestima de las niñas, su imagen corporal y sus capacidades.

Se corrobora[48] que el empoderamiento femenino es el arma más potente para luchar contra la indefensión aprendida y la violencia machista:

> Una mujer se empodera cuando toma conciencia de la desigualdad y, por tanto, de la injusticia, comprendiendo que lo que se ha asociado a «normal» o «natural» no lo es. La socialización de mujeres y de hombres, desde que son niñas y niños, desde los roles asignados en los juegos de la infancia, va marcando un futuro de diferencias en el ámbito de lo público y de lo privado, y también de las relaciones entra las unas y los otros, los unos y las otras.
>
> La «normalidad» de la diferencia que en principio se asigna al sexo y no se plantea como construcción social de género mantiene las desigualdades e impide la toma de conciencia que permite el empoderamiento las mujeres y la lucha contra todas las formas de discriminación y de dominación, de un sistema del que las asesinadas son solamente la parte más visible de la violencia. So-

---

48. Gil Gómez, L., y Pérez Asperilla, E. (2012). *Publicidad, estereotipos y roles de juego desde una perspectiva de género* (trabajo de fin de máster). Madrid: Universidad Complutense de Madrid. [Disponible en: <http://eprints.ucm.es/16605/>.]

lamente aprendiendo a mirar podremos poner fin a las violencias explícitas y sutiles, construyendo una sociedad en la que tanto mujeres como hombres puedan vivir plenamente y en libertad en el ámbito de lo público y también en el de lo privado.

Cuando damos libertad a nuestras niñas existe la posibilidad de que ellas decidan emprincesarse o mantener la sumisión. Por eso es fundamental educarlas en el feminismo y que así aprendan a ejercer su libertad.

Empoderar a nuestras niñas significa, además, darles todas las opciones posibles para que se esfuercen en conseguir una carrera profesional satisfactoria que las aparte de las estadísticas que nos sitúan en el colectivo más vulnerable a la pobreza. También para que puedan ser completamente independientes emocionalmente y no dependan de nadie.

¿Te queda alguna duda? El empoderamiento femenino es la única herramienta que tenemos en este momento las mujeres.

Ni sumisas ni serviles ni obedientes

Una cosa tiene que quedar clara: la perpetuación de las desigualdades y la violencia machista es única y exclusivamente culpa del patriarcado. En ningún caso las niñas y las mujeres que lo sufren son responsables de ninguna de las agresiones que se cometen contra ellas, ni tampoco se espera de ellas que sean unas valientes que luchen contra lo que las oprime. Las niñas y las mujeres que están en situación de maltrato, por ejemplo, tienen que intentar salir de ese entorno sin poner en peligro su vida y no tienen que ser unas superheroínas. Para evitar que el maltrato psicológico y físico incapacite a una niña o mujer para salir de ese círculo, es importante el empoderamiento. Porque debemos tener en cuenta que los estereotipos que el patriarcado perpetúa hacen que muchas niñas y mujeres no tengan herramientas para defenderse y evitarlo. Por eso es fundamental empoderarlas. Y porque seguramente seamos las mujeres las que tengamos que defendernos a nosotras mismas.

La educación que se da en casa o en la escuela determina, en muchos casos, el tipo de niña y mujer que va a ser. Por ejemplo, las madres o los padres autoritarios, exigentes, que imponen normas sin discusión, castigos de forma cotidiana y que exigen obediencia continuamente están educando a niñas que se convertirán en mujeres con baja autoestima, obedientes, sumisas, dependientes, con poca iniciativa (ya que se las educa a hacer lo que otra persona les dice) y a las que les costará expresar lo que sienten. Así que este tipo de educación va a generar un colectivo sensible a tolerar agresividad y violencia en un futuro. No empodera en absoluto.

Las niñas que tienen una educación completamente permisiva y, al mismo tiempo, de sobreprotección, en la que son ellas mismas las que toman todas las decisiones y en las que no hay límites ni firmeza por parte del entorno adulto, pueden desarrollarse como personas caprichosas, centradas en su satisfacción personal, que no saben tolerar la frustración y que carecen de autocontrol. Puede que consigan cierto empoderamiento, pero este residirá en su narcisismo y sus habilidades sociales y su inteligencia emocional se verán mermadas.

Así que parece que lo más adecuado es encontrar un equilibrio, para lo que te sugiero que sigas tu instinto y te informes de corrientes que se ajusten más a la línea que quieres seguir.

Empoderar significa dar poder a un colectivo para que mejore sus condiciones de vida mediante su propia gestión. Con el empoderamiento femenino se pretende aumentar el acceso al poder de las mujeres y transformar las relaciones desiguales entre los sexos. Como has visto, diversos estudios sugieren que para resolver el problema de la violencia machista, las agresiones y las desigualdades es fundamental la educación dirigida a las niñas y los niños en este aspecto. Con respecto a las niñas, está comprobado que trabajar su autoestima y otorgarles herramientas de liderazgo y poder a edades tempranas reduce significativamente la posibilidad de que en un futuro consientan agresiones y violencia machista.

No es lícito educar a nuestras niñas para ser discretas, ocuparse de su aspecto físico y molestar lo justo y luego pretender que triunfen en su vida personal y en su profesión. Las niñas tienen que ser poderosas, saber que tienen el control y que serán capaces de hacer todo lo que se propongan, pero no basta con decírselo, hay que actuar y cambiar lo que tienen alrededor.

Identidad

Lo primero de todo, hay que dejar claro que para darles poder a las niñas no tienen que convertirse en niños, debemos recordar que lo masculino no es la medida de todas las cosas y que nuestra intención no es asemejarnos a ellos. Cada niña tiene que encontrar la forma en la que esté cómoda con su forma de ser, y empoderarse a través de ella.

Hemos visto cómo los estereotipos marcan a las niñas sobre la concepción que tienen de sí mismas y, en muchas ocasiones, estos estereotipos son altamente destructivos y dañinos. Por eso las niñas tienen que desarrollar una identidad con la que se sientan cómodas y que les dé seguridad.

Autoconcepto y autoestima. La antropóloga Marcela Lagarde[49] habla del sincretismo de género: las mujeres pierden autoestima por culpa de la jerarquización que organiza el patriarcado, y sienten inseguridad, temor, timidez, se autoboicotean y tienen dependencia vital hacia los varones. Paradójicamente, a su vez luchan para convertirse en la nueva mujer feminista: segura de sí misma, que confía en sus capacidades y habilidades y es independiente. Esta ambivalencia conduce a las mujeres a experimentar sensaciones, afectos y pensamientos contradictorios en algunos momentos de su vida. ¿Podríamos ser capaces de que nuestras niñas de hoy no tuvieran que enfrentarse a esto cuando sean mayores? Sí, educando en el feminismo y empoderándolas.

---

49. Lagarde, M. (2000). *Claves feministas para la autoestima de las mujeres.* Madrid: Horas y Horas.

Coeducación

Todas las niñas tienen que ser conscientes de qué las hace ser únicas. Es fundamental que asuman que no existe la normalidad, que todas las opciones son válidas para ser una misma, y trabajar el autoconcepto y la autoestima de forma muy positiva, porque la forma en la que se valoren de pequeñas va a condicionar el resto de su vida.

El autoconcepto son las características en las que nos reconocemos a nosotras mismas. Esas características son nuestras habilidades sociales, físicas, nuestras capacidades para hacer las cosas, para ser creativas, los rasgos de nuestra personalidad y los rasgos físicos de nuestro aspecto. Aunque nuestra impresión de estas características siempre va a ser subjetiva, hay que intentar aproximarse lo más posible a la realidad y, sobre todo, saber que ninguno de nuestros rasgos es negativo o positivo: vuelven a ser construcciones sociales que nos encorsetan también. Incluso si uno de los rasgos de nuestras niñas es que le cuesta entrar en razón y es muy testaruda, lo cual puede ser considerado algo negativo, puede ser una virtud si aprendemos a canalizarlo correctamente: este tipo de comportamientos y rasgos del carácter, que suelen ser considerados negativos en la sociedad, son, muchas veces, oportunidades perfectas para destacar. No es lo mismo ser testaruda que ser tenaz.

Una de mis hijas tiene una personalidad muy explosiva y cuando se enfada o se vuelve exigente puede parecer impertinente. A mí su personalidad me parece muy positiva, porque seguramente va a ayudarla a luchar por lo que quiere y a avanzar en la vida, pero tiene que aprender a hacerlo de una forma menos invasiva para las personas que tiene a su alrededor, así que estamos trabajando mucho la asertividad, a tener la capacidad de decir lo que siente o piensa sin hacer daño a los demás, aprender a controlar los momentos de estrés a través de la meditación y a trabajar el liderazgo de forma positiva. Con esto quiero decirte que la mayoría de los *defectos* pueden convertirse en virtudes si conseguimos trabajarlos correctamente, y nuestras niñas tienen que ser conscientes para poder trabajar sobre ellos y conocerse bien a sí mismas.

CONCEPCIÓN NEGATIVA	CONVERTIRLA EN POSITIVO
Mandona	Dotes de liderazgo
Testaruda o cabezota	Es tenaz, tiene capacidad de luchar por lo que quiere.
Se enfada con facilidad	Es capaz de expresar sus sentimientos y no es complaciente.
Llora con facilidad	Sensibilidad
Asustadiza	Prudencia
Inquieta	Espíritu aventurero

La autoestima es cómo nos valoramos a nosotras mismas, independientemente de la realidad. Si trabajamos bien el autoconcepto con ellas, tendrán una autoestima alta. La autoestima está íntimamente relacionada con el autoconcepto, pero no es lo mismo. Sin embargo, si el autoconcepto se trabaja adecuadamente, la niña desarrollará una correcta autoestima independientemente de sus habilidades o carencias. Es decir, si una niña es consciente de sus habilidades, conoce sus limitaciones, pero sabe la manera de afrontarlas, tendrá una autoestima alta.

Es importante que, al trabajar el autoconcepto y la autoestima, trabajemos también sus aficiones: no solo su personalidad, su aspecto, sus habilidades o sus áreas de mejora forman parte de su identidad, lo que le gusta y sus aficiones también.

> **Apuntes**
>
> Un ejercicio muy bueno es que realice una descripción de ella misma: su personalidad, sus gustos, sus fortalezas, sus debilidades, su aspecto, lo que le gusta hacer durante su tiempo de ocio, lo que le gustaría ser cuando sea mayor (no solo profesionalmente, sino también qué tipo de persona quiere ser), y fomentarle que tenga inquietudes y aspiraciones.

Es fundamental que aprenda que nadie puede quitarle sus inquietudes ni cambiar su forma de ser o sus gustos. Es normal que ella vaya evolucionando y es muy posible que cambie de opinión con el tiempo (además, es bueno), pero que lo haga siempre porque ella quiere y que nadie la fuerce a cambiar.

También es importante que se valore físicamente.

Las niñas tienen que saber que la apariencia física de las chicas y mujeres es muy diversa y que, a pesar de lo que la publicidad, el cine y los medios les intentan transmitir, no existe un ideal de belleza absoluto. Una vez que esto está claro, tenemos que saber también que si una niña no está cómoda con alguna parte de su cuerpo, y eso la hace sufrir, tenemos que tomarlo en serio y trabajar con ella para que acepte su aspecto de la mejor manera posible. El 92 % de las adolescentes de entre 15 y 17 años de todo el mundo desean cambiar al menos un aspecto de su apariencia física, entre las que el peso corporal es lo principal, y esto es consecuencia directa de la presión del sistema patriarcal y del machismo, que les transmite que tienen que ser perfectas.

Tenemos que asegurarnos de su bienestar, de que sean felices con el cuerpo que tienen, que lo asuman. Si hay algo específico con lo que no están cómodas, hay que reflexionar con ellas para ver si es producto de la presión que tienen a su alrededor. Tienen que estar cómodas en su peso, con su altura, con su cara, con los rasgos que las hacen diferentes, porque son los rasgos que las identifican y les dan personalidad. Pero es posible que haya niñas que no se sientan bien, así que, para evitar problemas mayores, como disforia, trastornos alimenticios o complejos que les impidan tener una vida normal y feliz, tenemos que acompañarlas, con respeto, y ayudarlas a asumirse a ellas mismas, e incluso asesorarlas correctamente para que tengan un aspecto sano.

Apuntes

Elige una foto suya, recórtala y pégala en un papel. Ahora pídele que elija las cosas que más le gustan de su aspecto físico y que las señale con un rotulador. Después pídele que elija lo que menos le gusta. Valora si hay más cosas que le gustan que las que no

> para calibrar su autoestima. Ayúdale a ver las cosas positivas que no ha sido capaz de ver y también convierte lo que ella considera un defecto en algo positivo y recuérdale personas con ese rasgo que triunfan en la esfera pública y privada. Es importante decirle que su físico no la condiciona para hacer nada y que puede conseguir lo que se proponga.
>
> Recuérdale que hay mujeres que no están sujetas a cánones de belleza normativos y que han triunfado incluso en profesiones relacionadas con el físico: Alek Wek, Lena Dunham, Barbra Streisand, Rossy de Palma, etcétera. Los referentes, los modelos y los ejemplos son esenciales para que las niñas se den cuenta de que hay muchas formas de ser una mujer.

Hay muchas formas de ser una niña y una mujer. Casi todas somos conscientes de que los gustos y las aficiones no pertenecen a ningún sexo. Y hemos visto que el aspecto físico tampoco nos determina como mujeres. Cada niña decide lo que quiere hacer con su vida: si quiere pintarse las uñas, si quiere ser madre, si quiere tener pareja, si quiere jugar al fútbol o si quiere teñirse el pelo. Pero en la práctica, todo es mucho más complejo.

A día de hoy, las mujeres y los hombres juzgamos a otras mujeres por las decisiones que toman libremente con sus propias vidas: si te pintas el pelo de azul eres una moderna antisistema, si tienes relaciones sexuales con chicos y con chicas es que no te aclaras, si llevas un bolso de Hello Kitty con treinta años eres una infantil, si lo llevas de Louis Vuitton eres una pija, si llevas tacones de aguja eres una esclava de la moda, si eres una mamá gorila no tienes vida propia, si tienes vida propia es que no te ocupas lo suficiente de tus criaturas, si te arrepientes de haber tenido hijos eres mala persona, si no te arrepientes eres una intensa, si no tienes hijos eres una egoísta, si no tienes pareja algo raro te pasará..., y así hasta el infinito. A las mujeres se nos fiscaliza a cada paso que damos, sin embargo, no es tan habitual juzgar a los varones de forma tan constante.

Tenemos que asumir, de verdad, que se puede ser niña y mujer de muchas formas diferentes.

¿Y si nuestra pequeña empoderada quiere mantener buena parte de los estereotipos vinculados a su sexo? Mientras no desemboquen en comportamientos dañinos para ellas y sean conscientes de lo que significan, no debería ser algo negativo.

A la hija de una amiga mía le encanta pintarse las uñas, y cuando era más pequeña, le encantaba vestirse con vaporosos modelitos rosas llenos de tul, lentejuelas y purpurina. ¿Cómo se gestiona eso cuando quieres que sean ellas mismas, pero internamente quieres evitar todos esos clichés? Pues me temo que tienes que armarte de paciencia. Si de verdad quieres una niña empoderada, y tu hija es fan de Barbie, de los vestidos de princesas, de la purpurina y llena de corazones recortados todo su cuarto, tendrás que apretar los dientes. Seguramente sea una fase, pero empoderar significa dar poder, y si ella libremente toma la decisión de emprincesarse, tendrás que respetarla. Otra cosa muy distinta es fomentárselo.

Todos los estereotipos son perjudiciales, pero hay unos más dañinos que otros. El cliché de que las niñas tienen que estar guapas puede desembocar en complejos, inseguridades, anorexia o bulimia; el cliché de que las niñas son buenas en humanidades y los niños en ciencias puede desembocar en que muchas chicas no tengan grandes ambiciones profesionales y contribuyan a la feminización de la pobreza. El cliché de que los niños son agresivos puede perpetuar esa agresividad y convertirse en su forma de controlar a las mujeres. Recuerda que estamos contribuyendo a su construcción del mundo.

Buscar la mejor versión de sí misma

Dice la directora de operaciones de Facebook, Sheryl Sandberg, que la mayoría de las mujeres se presentarían como candidatas a un puesto de trabajo si consideraran que cumplen el cien por cien de los requisitos, mientras que los hombres se presentan cumpliendo solo un 60 % de esas capacidades. ¿Por qué? Los motivos puedes encontrarlos en lo que llevamos de libro: el patriarcado les ha trasmitido a los hombres que valen lo que valen y a las mujeres que valen la mitad de lo que realmente valen. ¿Cómo lo ha hecho? Recuerda que a las niñas que son líderes se las llama *mandonas* y se les pide que modifiquen esa conducta, recuerda que las niñas a partir de los 6 años piensan que los niños son más inteligentes que las niñas porque así se lo han hecho creer las referencias que recibe, recuerda que desde que nacen construimos dos escenarios diferentes, y en el escenario de las niñas su papel está cuidando muñecas, cocinando y yéndose de compras, recuerda que está demostrado que las y los docentes dan la palabra más a los niños que a las niñas en clase.

¿Y esto se puede solucionar? Sinceramente, mientras la sociedad continúe perpetuando las desigualdades, va a ser complicado, pero es fundamental que hagamos todo lo que está en nuestra mano para visibilizarlo y así poder revertirlo.

Ya hemos asumido que cada niña es diferente y esas diferencias las hacen ser geniales. Ahora no podemos perder de vista su identidad, su forma de ser, sus inquietudes y sus gustos personales, pero vamos a ayudarla a desarrollar unas habilidades emocionales y sociales que le sirvan para desenvolverse de la mejor manera posible en el patriarcado, y evitar así que se sientan menos.

Seguridad en sí mismas. Para fomentar la seguridad en sí mismas las niñas tienen que aprender que no tienen que gustar a todas las personas y que su comportamiento no tiene que supeditarse a gustar a los demás, sino a sí mismas.

- **Aprender a decir *NO*.** Tiene que saber que puede decir que *no* cuando quiera y a quien quiera. Muchas mujeres sufren ansiedad y malestar porque se las ha enseñado a complacer y ser sumisas, y decir que *no* a alguien significa todo lo contrario. Nuestras niñas tienen que aprender a decir lo que piensan, y *no* es una respuesta igual de lícita que cualquier otra.

Coeducación

> **Apuntes**
>
> Si nuestras niñas no aprenden a decir que *no*, serán incapaces de oponerse a cualquier situación que les desagrade y posiblemente su vida sea mucho más complicada. Es bueno que digan que no les gustan las judías verdes, que no quieren ir al dentista o que no se ponen ese vestido.
>
> Para que ese *no* funcione, nosotras, como personas que estamos velando por su cuidado, tenemos que aceptarlo en algunas ocasiones para que sepan que decir que *no* es efectivo.
>
> 1. Hay que escucharlas y tener en cuenta cuando dicen que *no* a algo.
> 2. Quizás no es tan importante que *no* coman judías verdes si comen brécol. Negociar.
> 3. Seguramente no pueden dejar de ir al dentista y ese *no* no se puede negociar.
> 4. Tenemos que escucharlas y posiblemente ceder si *no* quieren ponerse ese vestido para ir a un evento, o al menos negociar con ellas.

- **Aprender asertividad.** Para decir *no*, o decir algo que puede que no le guste a su interlocutor, la asertividad es fundamental. Esta técnica consiste en defender lo que piensan y comunicárselo a su interlocutor de forma respetuosa.

> **Apuntes**
>
> Nuestra hija ha pedido un refresco en un bar y se lo traen caliente. Tenemos que animarla a que le diga al camarero que le cambie el refresco o le ponga hielos porque está caliente.

Calladita NO está más guapa

> Nuestra niña tiene que entender que a las personas hay que decirles las cosas cuando no son de nuestro agrado, siempre de forma respetuosa y buscando la conexión para que esa persona entienda nuestra argumentación.

- **Amabilidad, pero no siempre.** Con la asertividad estamos enseñando a nuestra hija a ser amable y atenta con otras personas, pero sin dejar de decir lo que piensa. Sin embargo, también tiene que saber que cuando hay personas que la tratan mal, ella puede defenderse, quejarse y tiene derecho a enfadarse. Es importante que sepa que el enfado es un estado de ánimo normal y que es bueno que lo tenga. Tiene que controlar no hacer daño a nadie en ese estado, pero no tiene que avergonzarse. Y, sobre todo, cuando alguien hace algo que a ella no le gusta, y aunque se lo diga continúa haciéndolo, puede dejar de ser amable. Su voz tiene que ser escuchada siempre, y si su interlocutor no la oye, que grite.

> **Apuntes**
>
> Cuando cepillo el pelo de mis hijas, me acuerdo siempre de esa premisa. De pronto estoy absorta desenredando los nudos del pelo y escucho un chillido. Entonces me alegro y me doy cuenta de que siguen teniendo capacidad para quejarse escandalosamente si algo no les gusta.

- **Fomentar el espíritu de lucha y aprender a manejar la frustración.** Es bueno tener inquietudes y proyectos personales. Las niñas tienen que saber que pueden conseguir

Coeducación

lo que se propongan siempre que se esfuercen y tengan capacidades para ello. Si las aspiraciones están muy alejadas de su área de confort, hay que animarlas y ser realistas, pero apoyarlas en su empeño. El valor del esfuerzo es fundamental para que entiendan la causa-efecto.

También es imprescindible que asuman los fracasos; dice Ken Robinson[50] que la máxima del riesgo es que «si no estás abierto a equivocarte, nunca se te va a ocurrir algo original».

Siempre que algo no sale bien desde el principio, en cualquier ámbito de la vida, recuerdo la anécdota de Thomas Edison: cuando un periodista le recordó que había realizado casi mil intentos fallidos para hacer un filamento adecuado antes de dar con el tungsteno, Edison contestó: «No fracasé, solo descubrí 999 maneras de cómo no hacer una bombilla».

Apuntes

Si lo que desea es sacar un sobresaliente, es posible que lo consiga estudiando mucho; tienen que comprender que los éxitos conllevan un importante esfuerzo, paciencia y constancia. También tienen que saber que las cosas no salen a la primera. Nunca sabemos si ese *error* nos va a dar la clave para encontrar lo que buscábamos. Ese examen suspendido, ese dibujo que no representa lo que estaban buscando o ese problema de matemáticas

---

50. Robinson, K. (2009). *El Elemento. Descubrir tu pasión lo cambia todo*. Barcelona: Grijalbo.

> que estaba resuelto de forma incorrecta es el camino hacia un aprendizaje superior.
>
> Si su sueño es ser actriz de cine, presidenta del gobierno o científica descubridora de la cura contra el cáncer, tiene que saber que el esfuerzo va a ser mucho mayor, va a tener mucha competencia y es posible que no llegue a conseguirlo. Sin embargo, hay que animarla, apoyarla, ayudarla y hacerle ver que es bueno que tenga una alternativa por si las cosas no salen como ella espera. Es fundamental aprender a equivocarse, a manejar la frustración y los fracasos, ya que una persona feliz aprende de sus errores y utiliza sus fracasos de forma constructiva.

- **Evitar el síndrome de la impostora.** Las niñas tienen que saber que todo lo que consiguen lo hacen gracias a su esfuerzo y tesón, no se les regala nada. Ya te conté que muchas mujeres creemos no merecer nuestros éxitos, creemos que se deben a golpes de suerte y no a un recorrido o unas capacidades. A las mujeres nos cuesta pedir aumentos de sueldo, liderar proyectos, ser ambiciosas... Para que nuestras niñas no tengan esa sensación, son fundamentales las dotes de liderazgo y creer en uno mismo.

> **Apuntes**
>
> A veces nuestras propias niñas sufren este síndrome desde pequeñas: han sido las premiadas en un concurso y creen no merecerlo, tienen un sobresaliente y creen no merecerlo, reciben elogios sinceros sobre alguna de sus capacidades y creen no merecerlos.

Coeducación

> Tenemos que enseñarles que el éxito no es una cuestión de suerte y que está directamente relacionado con el esfuerzo, el tesón y el trabajo bien hecho. Así que si ha conseguido un logro en algo, es porque se lo merecen.

- **Enséñala a ser valiente.** Ser valiente es dejar una pareja al primer síntoma de maltrato, es decirle a un jefe que no estás de acuerdo con lo que dice, es decirle a una amiga o amigo que su amistad no te conviene, es decir que *no* cuando sospechas que algo no te gusta o no te interesa, es pelear por conseguir lo que quieres, es llevarle tu proyecto a ese gurú para que lo valore, es buscar un trabajo que te apasione. ¿Educamos a nuestras niñas para ser valientes? Rotundamente, no.

Para ser valiente, deben educarte sin trasmitirte miedos ni inseguridades; sin embargo, se suele educar a las niñas para que sean prudentes y cuidadosas: «Ten cuidado», «No metas el pie en el charco», «No hables si no te preguntan», «No te subas a ese árbol», «No juegues con los alfileres», «No seas respondona»... La prohibición de hacer cosas arriesgadas desemboca en que las mujeres no piloten aviones y sean las azafatas, o no sean médicos y sean las enfermeras. No hay nada de malo en ser azafata o enfermera, pero resulta cuanto menos sospechoso que sean las mujeres las que, mayoritariamente, eligen esas profesiones y que los varones elijan ser pilotos y médicos.

Es cierto que tenemos que velar por su seguridad física y por su educación, pero quizás hay que encontrar un equilibrio, y si quiere subirse a un árbol que tú consideras peligroso, acompáñala para supervisar que puede hacerlo sin riesgos, y si es *respondona*, dile que puede decir lo mismo de forma asertiva.

> **Apuntes**
>
> Pídele a tu hija que haga recados un poco más complicados, que, además, salgan de su zona de confort. Si necesitas cambio para la máquina de la gasolinera, dile que vaya ella a pedir el cambio; si en un restaurante quieres pedir el postre, que avise al camarero; si alguien le hace un regalo que le has dado tú, que llame por teléfono para agradecerlo. Intenta que sea ella misma la que se enfrente a situaciones diferentes.

Estimular el liderazgo. El liderazgo puede ser innato, pero también puede fomentarse de forma sana. El liderazgo consiste en ser capaces de influir en las personas, de forma positiva, para llevar a cabo un proyecto, bien sea personal o profesional. Una buena líder tiene que ser capaz de motivar a las personas que la siguen, delegar porque es capaz de detectar las fortalezas de cada persona y es consciente de sus limitaciones y ayudar pacientemente a los que necesitan más tiempo. Una líder tiene carisma, es innovadora, creativa y tiene claros los objetivos. ¿Cómo podemos fomentarlo?

- **Potenciar el trabajo en equipo.** Fomentar juegos en los que tengan que trabajar en equipo y en los que puedan identificar los diferentes roles que ocupa cada una. La persona que lidera el grupo tiene que cumplir con las cualidades de liderazgo. La analítica, la que presenta, la que propone ideas…, cada persona tiene un rol y la líder debe tener la capacidad de detectarlos.

> **Apuntes**
>
> Hacemos un juego en el que cada criatura va a tener un rol específico: uno va a ser el que exponga, otro va a ser el que busque información, otro clasificará esa información, otro la pondrá en un papel y otro dirigirá la operación conjunta. Después esos roles tienen que cambiar. Es bueno que nuestras niñas sepan que todos los roles son necesarios para que el proyecto salga adelante.

- **Escuchar a los demás.** Para detectar los roles, es fundamental saber escuchar a los demás. No solo para saber cuál será su espacio, sino para realmente valorar sus aportaciones.

> **Apuntes**
>
> Hay algunos juegos de mesa perfectos para desarrollar esta habilidad. Aquellos en los que se desarrolla la creatividad o se cuentan historias. Son perfectos para que nuestras niñas vayan aprendiendo a escuchar lo que dicen las personas que tienen a su alrededor. Una yincana en la que la escucha activa es esencial para completar el juego, por ejemplo.

- **Asumir las limitaciones.** La persona líder tiene que asumir que no es perfecta en todo y por eso necesita las ideas de los demás para que el proyecto conjunto salga adelante.

> **Apuntes**
>
> Es importante que las niñas observen a las personas que tienen a su alrededor y sepan cuáles son sus fortalezas y debilidades. También tiene que asumir las suyas propias. De esta manera, podrá observar que todas las personas somos imprescindibles, que todas tenemos algo valioso. Es bueno que elija a tres o cuatro personas de su alrededor y analice lo que se les da bien y lo que se les da mal.

- **Empatía.** Debe tener empatía para ponerse en el lugar de las demás personas y entender sus motivaciones y sus emociones.

> **Apuntes**
>
> Ponerse en el lugar de otro. No sentir compasión. El esfuerzo de recrear en su mente lo que le pasa a otra persona es perfecto para desarrollar esta habilidad. Siempre que haya un conflicto, hay que procurar que nuestra niña sepa ponerse en el lugar de la otra persona para conocer sus motivaciones y sus inquietudes.

- **Referentes.** Hay que buscar referentes que inspiren a nuestras niñas. No solo de sus gustos y aficiones personales, hay modelos que están ocultos y que nuestras niñas nunca verán si no se los enseñas: tenemos que encontrar un modelo de científica, matemática, astrónoma o escritora inspiradora, buscar su biografía, sus logros, sus dificultades, su vida, y mostrárselo.

Coeducación

> **Apuntes**
>
> Todas las referencias de mujeres son pocas: Frida Kahlo, Amelia Earhart, Garbiñe Muguruza, Jane Goodall, Georgia O'Keeffe, Simone Biles, Malala Yousafzai, Ada Lovelace, Nina Simone, Emmeline Pankhurst...
>
> Todas las mujeres que han conseguido logros en su vida son inspiradoras. Y seguro que hay una mujer exitosa en el campo que a tu hija le interesa, o alguien de vuestro entorno o familia. Y si no, igual es ella misma la que se convierte en icono, ¿por qué no?

Es mandona, ¿y qué? Las niñas líderes innatas suelen reconocerse por el resto de niñas y niños como *mandonas*. No pasa nada por ser mandona y querer tener el control de la situación. Es posible que mucha gente la critique, pero es normal no gustarle siempre a todo el mundo y es un buen momento para enseñárselo. Lo que es importante es que aprenda que, aunque le guste tener el control de la situación, al resto de las personas les gusta también participar y dirigir y hay que hacer esfuerzos para cederles el sitio de forma habitual. Todas tienen que participar. Pero que no pierda de ninguna manera esas capacidades porque pueden serle muy útiles en el futuro.

A las niñas se las desalienta a ser mandonas, sin embargo, a los niños no, porque se considera que son líderes. Esta visión de la realidad tiene que cambiar, porque es lo que hace que muchas mujeres no sientan interés por puestos de poder y responsabilidad.

> **Apuntes**
>
> En Estados Unidos se realizó la campaña Ban Bossy para hacer ver que cuando un niño se reafirma a sí mismo es un líder y cuando lo hace una niña es considerada una mandona. Esto les envía un mensaje a las niñas, y es que no sean mandonas y no se reafirmen. La campaña hace hincapié en que, debido a esto, las chicas, desde la etapa intermedia en educación y hasta la edad adulta, están menos interesadas en dirigir y liderar. Se hicieron varios vídeos, muy interesantes, en los que niñas y mujeres se reafirmaban como mandonas, y muchas se han convertido en mujeres poderosas.
>
> ¿Cómo podemos cambiar eso? Cambiemos el discurso, cambiemos la historia. Busquemos modelos. Las niñas no son mandonas, las niñas también son líderes. Recuérdaselo constantemente, busca vídeos de niñas y mujeres empoderadas y da ejemplo.

Favorecer la autonomía y la independencia. Soy la pequeña de cuatro hermanos y, lo confieso, cumplo a la perfección mi rol de hermana pequeña y mi personalidad está claramente determinada por mi posición en mi familia de origen. Así que mis hijas sufren los efectos y se benefician de las virtudes, también hay que decirlo, de mi personalidad de hija pequeña, más despreocupada y de espíritu libre. Lo normal es que no esté pendiente de que tienen que llevar al colegio una huevera ni de devolver los libros a la biblioteca. Las consecuencias de todo esto no pueden ser mejores: mis hijas son completamente autónomas a la fuerza. Por culpa, o gracias, a las veces que no han llevado lo que necesitaban, han desarrollado una capacidad especial para ser completamente responsables. Tengo que reconocer que, en ocasiones, mi despiste es medio espontáneo medio deliberado y que superviso de forma invisible las cosas para que sean ellas las que se den cuenta de lo que tienen que hacer. Sin querer, soy todo lo contrario a una madre controladora (ahora las llaman helicóptero).

Para que las niñas sean mujeres independientes, es fundamental fomentar la independencia durante la infancia.

- **Autonomía.** Hay que trabajarla desde que son muy pequeñas para que sean capaces de hacer las cosas por ellas mismas en cuanto puedan. Nuestras niñas no solo tienen que vestirse solas, comer solas o jugar solas (y decidir a qué van a jugar). También tienen que saber entretenerse solas, ponerse agua si tienen sed, recoger sin que se lo digas y practicar la iniciativa y la independencia de forma cotidiana. Además, tienen que ser autónomas para saber si tienen que estudiar o tienen deberes, para sentarse y hacerlo y para buscar soluciones a conflictos.
- **Responsabilidades.** Para empezar, y según su capacidad, hay que asignarle responsabilidades, tanto dentro de casa como fuera de ella. Por muy pequeñas que sean, serán capaces de realizar tareas. Según su capacidad, podrá empezar a cruzar la calle sola, hacer recados sencillos y poco a poco ir incrementando la dificultad. En casa, puede hacer su cama, prepararse la ropa y la mochila del día siguiente, incluso prepararse la merienda o poner una lavadora.
- **No depender de nadie para hacer nada.** Para fomentar la independencia económica y social, es importante que tenga la capacidad de ganar dinero por ella misma a tra-

vés de logros personales. De esta manera sabrá el esfuerzo que supone ganar dinero y que tiene que ser ella misma la que realice el esfuerzo para ser recompensada.
- **Tomar decisiones.** Cada día se toman decisiones, y esto está íntimamente relacionado con la autonomía. Puede ir comenzando con asuntos fáciles e ir incrementando la dificultad poco a poco. Debe tener la seguridad de que puede preguntarnos sus dudas y de que siempre puede contar con nosotras.

> **Apuntes**
>
> Vamos a dejar que nuestra niña sea la que tome las decisiones durante todo un día. Ese día, ella va a decidir lo que hay que hacer en cada momento. ¿Será capaz de conducir su día? Te aseguro que sí, haz la prueba y verás de todo lo que es capaz.

Trabajar la fortaleza y la resiliencia. Se realizó un estudio[51] con menores de entre 8 y 17 años que habían sido víctimas de la guerra y habían sufrido reclutamiento ilegal, violencia sexual, minas antipersonas, desplazamiento y orfandad. Llegaron a la conclusión de que el 90 % de estas criaturas, con las ayudas necesarias, son capaces de superar los traumas.

Sin entrar en situaciones excepcionales, como tener que huir de tu país, perder a tu familia entera en un conflicto bé-

---

51. El Instituto Colombiano de Bienestar Familiar (ICBF), con el apoyo de la Organización Internacional para las Migraciones (OIM) y el Fondo de las Naciones Unidas para la Infancia (Unicef).

lico, sufrir un secuestro o agresiones continuadas, en la vida de todas las personas hay contrariedades: desde ese puesto de trabajo que no hemos conseguido hasta la muerte o enfermedades de personas cercanas.

Considero que la resiliencia es la capacidad más complicada de trabajar. Es cierto que se puede ser feliz a pesar de todo porque la muerte forma parte de la vida y el resto de contrariedades se pueden solucionar, y si no se solucionan, se aprende a vivir con ellas. Pero eso no significa que tenemos que enseñar a las niñas a conformarse: está en su mano poder cambiar las cosas, pero hay situaciones que se escapan a su control. Hay que aprender a ser feliz a pesar de las situaciones que existan alrededor, y para empoderar a nuestras niñas y mujeres es importante que sepan esto lo antes posible.

Las niñas necesitan saber afrontar los retos que la vida les va a deparar y deben aprender a recuperarse de las adversidades. Para ello tienen que desarrollar fortalezas y estar preparadas para los nuevos desafíos que van a aparecer en su vida. El optimismo y la positividad deben ser el camino y el fin último.

Las habilidades que estamos fomentando para empoderarlas son esenciales para dirigirlas hacia la resiliencia: autoestima, confianza, capacitar a las niñas para tomar decisiones, favorecer que sepan reconocer y expresar sus emociones, enseñarles estrategias para resolver conflictos, control, negociación..., todas estas capacidades son fundamentales para trabajar la fortaleza.

> **Apuntes**
>
> No debemos evitarles a nuestras niñas las cosas negativas que ocurren en el mundo. Según su madurez, tienen que ser conscientes de las cosas que pasan a su alrededor, incluso debemos hablarles de momentos que hemos superado con fortaleza. Con suerte, no siempre van a tener que enfrentarse de pequeñas a situaciones desagradables, pero podemos aprovechar momentos específicos para trabajar la resiliencia, como películas o circunstancias ajenas.

Cosas de mujeres. Maternidad. La maternidad es una opción para la mujer, como otra cualquiera. Las mujeres no tienen el deber de ser madres y no debemos trasmitirles a las niñas que eso es lo que se espera de ellas. La maternidad tiene que ser una opción personal, decidida por las mujeres. Hay niñas a las que les encantan los bebés y los cuidados desde que son pequeñas y, posiblemente, quieran ser madres cuando sean adultas, pero también puede ser que cambien de opinión. Otras niñas no tienen eso en la cabeza en absoluto y luego se les pueden despertar las ganas (que no el instinto) de ser madres. O no.

Sea cual sea su opción personal, sí que es bueno que sepan que la maternidad es una esfera más en la vida de las mujeres. Las madres deberíamos insistirles mucho a nuestras hijas para que sean conscientes de que tenemos una vida independientemente de ellas: una pareja (que puede coincidir que sea su padre , su otra madre, o no), un trabajo, amistades con las que salir habitualmente, aficiones e inquietudes. Tienen que saber que a veces compartimos esas amistades, inquietudes o aficiones con ellas, pero otras veces no. En mi caso, ellas son las personas más importantes de mi vida, pero eso no significa que sean exclusivas, y aunque buena parte de mi vida y de mi espacio mental gira en torno a ellas, hay una parte muy importante para mí que gira en torno a otras cosas que, además, me hacen muy feliz. Quiero que mis hijas vean la maternidad como algo no exclusivo: las mamás no solo somos mamás, somos mujeres completas independientemente de la maternidad.

Sentí el peso del patriarcado de forma más asfixiante cuando decidí ser madre: seguramente, muchas mujeres sienten ese peso más acuciante en su propia familia o cuando acceden al mercado laboral. Yo (que ya era feminista de serie) vi una clara desigualdad y una excesiva presión con la maternidad. Por eso me parece muy importante hablar con las niñas de lo que supone la maternidad.

En mi caso, no podía entender cómo era posible que soportáramos todos esos protocolos innecesarios en el proceso del parto en España, y que en algunos casos se soportara hasta trato vejatorio. Ya te he contado que tuve que salir del sistema sanitario convencional para evitarlo. Pero eso es prácticamente anecdótico comparado con las desigualdades con las que me encontré en cuanto tuve a mis hijas en brazos.

Cuando nació mi primera hija, estaba de moda la crianza con apego, un tipo de crianza que aconseja a las madres lactancias prolongadas, porteo (llevar al bebé en brazos o en mochilas) o colecho (dormir con el bebé en la cama), entre otras cosas, que hacen que si las cumples, te conviertas casi automáticamente en una buena madre, entregada y servicial para con tu descendencia. Además, proponen una educación sin apenas límites y una existencia prácticamente entregada a nuestras criaturas para que tengan una infancia idílica y preciosista, en escuelas que refuerzan en positivo y que esperan a que se les caigan los dientes de leche para que aprendan a leer y escribir. Sinceramente, en abstracto me parecía la educación perfecta. Devoré sus libros durante mi primer embarazo y estaba completamente preparada para todo eso. Pero fue nacer mi primera hija y verme incapaz de la mitad de las cosas, entre otras, amamantarla. Dice la OMS que la lactancia materna es lo mejor para los bebés, y estoy segura de que así es, pero en mi contexto suponía unas renuncias que no tenía intención de asumir, ya que para mí era un acto incómodo y difícil. Eso era tan natural, y yo tan antinatural por no hacerlo, que me costó años darme cuenta de que hay modelos de maternidad que no valen de la misma forma a las mismas personas. No amamanté a mis hijas y, en muchas ocasiones, me han pedido explicaciones al respecto. También conozco casos de mujeres que han amamantado de forma prolongada y también les han pedido explicaciones.

Sacrificio y maternidad son dos palabras que van unidas: tener una hija o un hijo supone hacer esfuerzos que van a beneficiarlos, desde la lactancia hasta dejar de dormir por las noches para atenderlos, pasando por renunciar, sacrificar o posponer parte de la vida que se tiene sin descendencia. Es necesario asumir que estas circunstancias van a ocurrir, pero no necesariamente tiene que asumirlas la madre si la situación se da en una pareja heterosexual, ya que estas tareas se pueden repartir de forma igualitaria, te lo aseguro.

¿Crees que no se puede con la lactancia materna? Tengo una amiga que amamantó a sus dos hijos, pero el padre se levantaba con ella todas las noches, con cada toma, para tomar el relevo del bebé al terminar de mamar, sacarle los gases y dormirlo. Repartieron de forma equitativa todo lo relativo al cuidado de los bebés. Se puede. Existe.

Elizabeth Badinter,[52] como he comentado anteriormente, cuestionó todo lo que tenía que ver con la maternidad y protestó contra la idea de una única mujer que se entrega a la maternidad, a la lactancia prolongada y a todo lo que hace la *madre perfecta*. Además de enseñarnos cómo ha cambiado la maternidad en los últimos siglos, Badinter reafirma las sospechas de muchas mujeres, como Simone de Beauvoir, que cuestionan la existencia del instinto maternal.

Primero, no todas las mujeres quieren ser madres algún día y, entre las que quieren, no todas quieren amamantar.

Segundo, todavía se considera *anormal* y se le pide explicaciones a la mujer que no quiere ser madre.

Elizabeth Badinter, además, propone liberar a las mujeres de la idea de que lo natural es tener hijas e hijos. ¿Lo natural? ¿Lo normal? Ya hemos visto que ni lo natural ni lo normal nos valen para cambiar la sociedad.

A muchas mujeres se las ha cuestionado cuando han desmitificado la maternidad o cuando han hecho público su

---

52. Badinter, E. (1981). *¿Existe el amor maternal?* Barcelona: Paidós Ibérica.

arrepentimiento de ser madres. Esas madres, que quieren, protegen y cuidan de sus criaturas, han tenido que verse fiscalizadas por una sociedad que ha sacralizado la maternidad hasta el punto de que las madres no podemos quejarnos, no podemos decir que la crianza es dura, asfixiante o absorbente. Se nos pregunta si habíamos estado metidas en un agujero todo este tiempo como para pensar, ingenuamente, que la maternidad es idílica. Pues tengo que decir que la sociedad, las amistades y los medios de comunicación no suelen hablarte de la cara B de la maternidad: hay madres cuyos bebés se despiertan cada media hora para comer durante todo el primer año (o más), hay otros que se despiertan sin motivo y no dejan dormir en toda la noche. Otros tienen cólicos y lloran sin consuelo durante horas y horas. Y, normalmente, son las madres las que sufren las consecuencias de la falta de sueño y el estrés que supone, de forma sostenida en el tiempo.

Por lo tanto, por muy normal que nos parezca en la teoría, en la práctica la construcción social de nuestro sexo nos entrega a unas expectativas que difícilmente podemos superar. Cuando no nos ajustamos a esas expectativas y a esas construcciones sociales, somos cuestionadas. Y nuestras hijas serán cuestionadas también si no educamos a las próximas generaciones en el feminismo. En un feminismo en el que los padres sean responsables del cuidado de sus criaturas de forma equitativa.

Coeducación

··· TALLER FEMINISTA ···
Trabajemos el empoderamiento

Accede a la página «Firsts» (Pioneras) de *Time* (<http://time.com/collection/firsts/>) y revisad los ejemplos de todas las mujeres que están siendo pioneras en algo y han conseguido romper el techo de cristal en Estados Unidos:

Selena Gómez, que ha sido la primera mujer en obtener cien millones de seguidores en Instagram. Ilhan Omar, la primera mujer musulmana y somalí en convertirse en legisladora. Sheryl Sandberg, la primera mujer dedicada a *social media* que se ha convertido en multimillonaria. Hillary Rodham Clinton, la primera mujer en ganar la nominación de un partido para presentarse a presidenta. Loretta Lynch, la primera mujer negra en convertirse en fiscal general de los Estados Unidos. Ellen DeGeneres, la primera persona en protagonizar una serie de televisión en *prime time* abiertamente lesbiana.

5.
Los chicos SÍ lloran y NO tienen que pelear

Cómo educar a los niños en el feminismo

> Os da miedo el feminismo porque creéis que vamos a hacer con vosotros lo que habéis hecho con nosotras.
>
> Anónimo

El artista Miguel Bosé recuerda cómo cuando empezó a vestirse con mallas, su padre, el torero Luis Miguel Dominguín, le decía: «Pero, chico, qué haces con esas cosas que son como de *nenaza*», y Miguel Bosé le respondía: «¿Y tú? ¡Mira quién habla!, ¿tú no te has visto, que encima llevas lentejuelas? Yo al menos las llevo lisas, pero tú llevas lentejuelas, bordaditos de oro y vas marcando paquete con medias rosas y un moñito aquí detrás…, vamos a ver, maestro, comparado contigo, me quedo corto».[53] Esta es la imagen perfecta de cómo tenemos interiorizadas las construcciones sociales: hemos acep-

---

53. *Jot Down*, 17 de julio de 2017.

tado que un torero se vista con mallas rosas, lentejuelas, un moño y torerita con bordados en oro. Sin embargo, si un chico se viste con mallas, en el imaginario colectivo es, sencillamente, una *nenaza*.

Insistimos en que las niñas tienen que empoderarse, aparcar el princesismo y avanzar. Pero ¿y los niños? Casi tienen una responsabilidad mayor en todo este asunto y, sin embargo, nos olvidamos de ellos a la hora de educar en la igualdad. Los varones son los que tienen que reprogramar sus conductas, los que tienen que replantearse de base los roles que asumen, los que tienen que aprender más empatía, más generosidad y más sensibilidad. La sociedad espera de ellos que sean los fuertes y poderosos, pero no, para avanzar con la igualdad real, los varones tienen que recuperar muchas capacidades que tienen desaprendidas y desterrar otras que llevan grabadas a fuego.

En la sociedad utópica igualitaria y feminista que imagino, me gustaría que los varones fueran capaces de cumplir sus sueños, que puedan hacerlo sin obstaculizar el progreso de las mujeres y que vean a las mujeres como iguales. Quiero niños y hombres felices, que sean ellos mismos y a los que nadie les diga qué tienen que hacer y cómo tienen que comportarse o sentirse. Que sean completamente libres. El nuevo varón necesita referentes nuevos, necesita modelos de hombres con emociones, generosos, involucrados en el hogar, en los cuidados y en la afectividad. El feminismo avanza con fuerza y muchos no saben cómo tienen que actuar, cómo tienen que sentirse o cómo tienen que hacer las cosas.

Los niños de hoy serán hombres mañana en una sociedad mucho más feminista. Si ellos no evolucionan con nosotras, jamás nos vamos a entender; por eso es necesario que remen en la misma dirección que nosotras, porque es positivo para ellos y es imprescindible para nosotras.

Los varones tienen que saber el significado de la palabra *feminismo*, deben saber que no es lo contrario de machismo, sino que es la única solución al machismo. Tienen que saber que si no eres feminista, eres machista. *Feminismo* significa que la mujer lucha por su liberación y emancipación. Y que si la palabra hace referencia a las mujeres es porque forma parte de la pedagogía intrínseca: es un movimiento de las mujeres que afecta a los varones, y tiene una raíz etimológicamente femenina. Los varones también pueden sentirse incluidos dentro de un lenguaje que se expresa en femenino, como durante tanto tiempo lo hemos venido haciendo las mujeres. También tienen que saber que el feminismo es una lucha de niñas y mujeres, que somos las oprimidas, y que los chicos y los hombres pueden ser aliados, pero nunca abanderados de la lucha. El espacio del feminismo es nuestro, ellos pueden y deben apoyarnos, alentarnos y acompañarnos, pero las voces son de las mujeres y las niñas. Por este mismo motivo, una persona blanca no lidera las protestas contra el racismo ni una persona heterosexual encabeza las protestas contra la homofobia: podemos y debemos apoyar la causa y obrar en consecuencia, pero no liderarlas. El feminismo es una causa de mujeres y niñas. Una vez que esto queda claro, la educación de los niños es fundamental para llegar a una sociedad equitativa e igualitaria.

Como hemos visto, desde pequeños tienen que saber que las inquietudes, las aficiones, la forma de pensar o el aspecto no los hace ser chicas o chicos. La parte masculina tiene que romper con sus estereotipos para ser más libre, con el feminismo vamos a ganar todas las personas, las mujeres accederemos al poder y dejaremos de ser asesinadas por ser mujeres y los hombres revisarán su masculinidad y serán libres de ser como quieran (unas ganamos más que otros, pero todas las personas ganamos).

El otro día le contaba a una amiga que estaba escribiendo este libro y me dijo que le parecía importantísimo educar a los varones en el feminismo, ya que ella tiene tres hijos. Pero también me transmitió su preocupación: «Aunque tampoco quiero que los mangoneen las chicas, que las niñas vienen pisando fuerte». Me quedé pensando en su miedo. No quiere que sus hijos se dejen dominar por mujeres, pero ¿qué hay de malo en que un hombre asuma que las mujeres pueden tener el poder y el control? Los niños y los varones deben tener las mismas herramientas que las niñas y las mujeres para empoderarse, pero también para relajarse con lo que la sociedad espera de ellos. Todo lo que te he contado sobre el empoderamiento femenino, trabajar el autoconcepto y la autoestima, conocer su identidad, saber que la masculinidad puede destruirse, desarrollar la seguridad en sí mismo, fomentar la asertividad, la inteligencia emocional…, todas son cualidades aplicables a los varones. Y, lo más importante, ha llegado el momento de que los varones se liberen para expresar sus sentimientos, sepan comunicarse, aprendan a gestionar sus emociones sin que la sociedad los desprecie, dediquen el tiempo necesario al trabajo doméstico y a los cuidados y cedan los espacios sociopolíticos a las mujeres. Para eso, es necesario que las mujeres también puedan asumir el mando, de esta forma ellos no se sentirán responsables de tener que ser los valientes, los arriesgados y los que toman las decisiones.

Voy a empezar fuerte. Te aviso porque esta parte cuesta un poco de asimilar si no tienes plena conciencia feminista. En los movimientos feministas, que luchan contra la opresión del patriarcado, hay un opresor claro: el varón. Aquí no vale decir: «Mi pareja no» o «mi hijo no» o «mi padre no». El varón es el opresor. De la misma manera que asumimos que las personas blancas oprimen a otras personas racializadas, en la lucha para derribar el patriarcado y el machismo tenemos que asumir que el varón es el opresor. Habrá hombres que opriman (sometan a mujeres y se beneficien de sus privilegios) en mayor o menor medida, pero son los hombres, como colectivo, los que oprimen, siempre, a las mujeres. Y cuanto antes lo asuman y lo asumamos, antes avanzará el feminismo y antes erradicaremos el machismo.

Eso no significa en absoluto que el feminismo quiera el machismo a la inversa, insisto. Eso significa que para que las mujeres podamos disfrutar de la igualdad, son los varones los que van a tener que perder privilegios y hacer renuncias.

Coeducación

Si las mujeres cobran una media de un 16 % menos de sueldo, significa que los hombres cobran un 16 % más.

Si las mujeres son víctimas de violaciones, agresiones y asesinatos machistas, es porque son los hombres los que violan, agreden y matan.

Si las mujeres están infrarrepresentadas en puestos de poder y responsabilidad (hasta un 90 % menos de mujeres en puestos importantes), es porque hay sobrerrepresentación de hombres en puestos de poder y responsabilidad.

Si las mujeres hablan menos en reuniones mixtas es porque los varones hablan más.

Si las mujeres ceden espacios a los varones es porque estos ocupan espacios ajenos.

Así que para que nuestra sociedad pueda llegar a la igualdad, los varones tienen que acceder a menos puestos de poder, ganar menos dinero, ocupar menos espacios y hablar menos, en definitiva. Esto devendrá en la igualdad real, por eso nos encontramos con grandes resistencias.

Vivimos bajo el patriarcado, eso condena a las mujeres a ser víctimas de machismo y a los varones a ser machistas. Y el machismo se practica de forma subrepticia, a veces ni se percibe por la sociedad porque está tan normalizado que cuesta verlo, tanto a los varones como a las mujeres.

Por eso, cuando un hombre maltrata a su pareja, no deviene de una *fuerte discusión*, ni de *unos cuernos*, ni de *los efectos del alcohol*, no: esto viene de un sistema patriarcal de control y dominación en el que él se siente con derecho a controlar y ejercer violencia verbal o física sobre ella, independientemente de la causa.

Ya has visto que construimos un universo para niños muy específico, en el que los estereotipos les impiden formarse completamente. Si educamos en el feminismo, estamos educando a los niños para que sean libres, también, de sentir y de ser.

Marina Subirats y Amparo Tomé[54] explican que existe una mayor presión social para que los chicos acepten un modelo de masculinidad dominante que para que las chicas acepten un modelo femenino: se castiga mucho más que un chico se ponga una falda que una chica se ponga un pantalón (lo segundo está aceptado socialmente y lo primero no). La sociedad insiste mucho más en que los niños sigan el modelo de masculinidad, y esto se observa también en la educación que se les da a ellos.

En un colegio del barrio se hizo un proyecto sobre arte en el que estudiaron a Magritte y a Frida Kahlo. Se les dio la libertad para que cada niña y cada niño eligieran a uno de ellos, se vistieran como el personaje e hiciesen un proyecto. Todos los chicos eligieron a Magritte y se disfrazaron como el famoso cuadro *El hijo del hombre*, que es un autorretrato del pintor con una manzana delante. Las chicas, en su mayoría, eligieron a Frida Kahlo, pero hubo otras muchas que también eligieron a Magritte. ¿Por qué

---

54. Subirats Martori, M., y Tomé, A. (2007). *Balones fuera. Reconstruir los espacios desde la coeducación*. Barcelona: Octaedro.

las chicas son capaces de identificarse con personajes masculinos y los chicos no? Porque las construcciones sociales permiten que las chicas puedan expresar determinados estereotipos masculinos, mientras que estas mismas construcciones cercenan la libertad de los chicos para hacer lo mismo, saben que socialmente está mal visto y lo esconden.

Observa si está bien visto que una niña juegue con coches. El modelo contrario, un niño jugando con muñecas, está peor visto. Una niña que juegue al fútbol o un niño que juegue a las mamás. Una chica con el pelo corto y sin maquillaje o un chico con el pelo largo y con maquillaje. La sociedad los presiona más a ellos para que mantengan su masculinidad y no se salgan de su estereotipo: se fomenta la competitividad y tienen que ser los más fuertes, los más inteligentes y los más deportistas. Esto se debe a lo mismo: para perpetuar el machismo, el opresor (la parte masculina) no puede flaquear, debe mantener su estatus y apenas se le van a permitir variaciones, si flaquea, se corre el riesgo de que el patriarcado se relaje. Sin embargo, la mujer puede variar sus estereotipos con más libertad, total, ella no tiene nada que perder.

La actriz Minnie Driver, que mide 1,78 m, cuenta en una entrevista cómo ha tenido que rodar metida dentro de un hoyo, literalmente, para no parecer más alta que sus parejas masculinas. De esta forma se protege la imagen pública de la estrella masculina sin tener que pasar por el trago de pedirle que se ponga alzas y, colateralmente, se humilla a la actriz. Así de normalizado está: el hombre no debe perder su estatus.

Violencia machista

Montserrat Moreno[55] dice que las manifestaciones espontáneas en el juego de los niños suelen ser agresivas, y en las niñas pacíficas. ¿A qué se debe? Ella explica que pueden ser pautas de conducta de tipo genético, ligadas a la biología, de tipo social o de ambos componentes. En cualquier caso, Moreno dice que los rasgos temperamentales que se consideran innatos y que aparecen de forma temprana pueden aumentar si se los alienta y favorece y, además, no se corrigen. De la misma manera, pueden disminuir si se educan. Que un niño sea especialmente movido no es ningún problema, el problema reside en que sea, por ejemplo, especialmente agresivo y ese comportamiento no se reeduque. Moreno dice que cuando un rasgo temperamental no disminuye con la edad y, de hecho, aumenta, seguramente no ha sido reprimido por la sociedad y, por el contrario, la sociedad lo ha estimulado o, cuando menos, tolerado.

Permitir que los niños solucionen sus diferencias con la violencia supone permitir la violencia como forma de solucionar las cosas, y eso va a perpetuar que los varones sean violentos y que acaben solucionando conflictos a través de la violencia también en sus relaciones de pareja.

---

55. Moreno, M. (2000). *Cómo se enseña a ser niña: el sexismo en la escuela*. Barcelona: Icaria.

Miguel Lorente, médico forense, que fue delegado del Gobierno para la violencia machista en el Ministerio de Igualdad, dice que «en la violencia machista, de diez agresores, diez son hombres». Esto significa que los únicos responsables de este asunto son los varones y que el contexto patriarcal determina que cualquier varón puede convertirse en un agresor e incluso en un asesino de mujeres. ¿Cómo es posible esto? Seguro que te llevas las manos a la cabeza: «Qué exageración, no todos los hombres son así, no todos se pueden convertir en asesinos...». De acuerdo. Por suerte, no todos los varones se convierten en asesinos, pero prácticamente todos ejercen su superioridad. ¿Quieres ver cómo?

La punta del iceberg. Lo dicen todas las especialistas en el tema: la violencia machista es la punta del iceberg de un sistema machista estructurado para someter a la mujer. Esto significa que la violencia machista existe porque, desde que nacemos, la sociedad patriarcal propicia un caldo de cultivo que hace que pueda existir. Ya lo hemos visto: la sociedad construye a las niñas y a los niños para que sean mujeres y hombres diferenciados. Les dan cursillos acelerados desde que nacen para que ellas sean sumisas y ellos dominantes. Es fundamental que los varones sean conscientes de esto, de que ellos son los que ejercen el machismo de forma cotidiana y a veces ni lo ven: una mujer se levanta por la mañana y cuando sale por la puerta el portero le dice: «Adiós, guapa». En la oficina, tras una reunión de trabajo en la que ha defendido con vehemencia sus opiniones, un compañero (que cobra un 23 % de sueldo más en su mismo puesto de trabajo) le espeta si está en «esos días». La llaman al móvil desde una compañía telefónica y le preguntan si pueden hablar con su marido. Cuando sale a comer a un restaurante y pide la cuenta, el camarero se la da a su compañero. De vuelta a casa, un individuo por la calle le suelta un: «Pero qué buena que estás». Recoge a sus criaturas del colegio, las pone a hacer los deberes, baños, las despioja, hace la cena y llega su marido del trabajo. Mientras ella recoge la cocina tras la cena, su marido le pregunta: «¿Te ayudo en algo, nena?». A lo largo de los días, esta mujer va a aprender dos cosas: una, que su aspecto físico es determinante y más vale que lo cuide a diario. Dos, que cualquier hombre tiene más privilegios que ella.

Porque, ¿cuándo se manifiesta el machismo en un hombre?

Coeducación

Cuando ríe los chistes de chicas desnudas que le llegan por WhatsApp.	
Cuando consume pornografía y prostitución.	
Cuando interrumpe a las mujeres cuando hablan.	
Cuando coleguea con los compañeros de trabajo, pero no con las compañeras.	
Cuando asume que la chica de la reunión es la secretaria.	
Cuando presupone que es una mujer la que conduce el coche que va delante y acaba de hacer una maniobra inadecuada.	
Cuando le dice a su amigo, que se acaba de casar: «No sabes dónde te metes».	
Cuando le parece una tontería que en los semáforos hayan incluido peatones femeninas.	⟶ Violencia machista
Cuando le parece poco el sexo que su pareja practica con él y se lo recuerda o le exige más.	
Cuando dice que es feminista y aun así continúa usurpando el espacio de las mujeres en conversaciones.	
Cuando dice que no cree en el feminismo, sino en la igualdad.	
Cuando dice que los hombres también son víctimas de la violencia machista.	
Cuando ridiculiza, insulta o desprecia a las mujeres en general.	
Cuando dice que los hombres también son maltratados.	
Cuando normaliza la escena de una violación en una película, una serie o un libro.	

Estas situaciones que nos rodean alimentan el sexismo y son la causa directa de la violencia machista, que no solo se articula con violencia física, sino con violencia verbal, sexual, ninguneo, desprestigio, bromas, etcétera.

Está tan grabado a fuego el machismo subliminal y la cultura androcéntrica que, como ya he dicho antes, gran parte del éxito del patriarcado reside en que las personas apenas lo apreciamos porque estamos demasiado habituadas a ello.

No puedo evitar hacer un paralelismo con la idea que Hannah Arendt tenía sobre la banalidad del mal: ella fue testigo del juicio que se le hizo a Adolf Eichmann, un asesino nazi, y escribió el ensayo *Eichmann en Jerusalén: un estudio sobre la banalidad del mal*. En él, explicó que las personas sometidas a la influencia de un sistema concreto (como el régimen nazi en el caso de Eichmann) pueden ser capaces de no pensar por sí mismas y cometer los crímenes más atroces a pesar de, en el resto de las esferas de su vida, ser ciudadanos ejemplares. Si lo extrapolamos a cualquier campo, ser capaces de cuestionar lo que un sistema totalitario nos muestra puede ser muy transgresor: el sistema del patriarcado, el machismo y el androcentrismo existen, y los hombres actúan bajo su influencia, en mayor o menor medida. Puede que no sean conscientes, puede que algunas mujeres tampoco vean el problema, pero mientras los varones no lo asuman y no se responsabilicen, continuarán ejerciendo el machismo y las mujeres seguirán sufriéndolo.

El proceso para llegar a ser un maltratador y una mujer maltratada es exactamente el mismo que se da en cualquier otro totalitarismo: los pequeños pasos que van avanzando hacia las conductas machistas de sometimiento empiezan siendo muy pequeñas y, a veces, son inapreciables para la

Coeducación

víctima: una pequeña crítica a su físico, celos que surgen por su forma de vestir o de expresarse, celos porque mantiene una relación de amistad con otro varón, con sus amigas o incluso con su familia, desprestigio..., hasta que el sistema está completamente instalado y ocurren las agresiones. A veces no ocurren agresiones físicas, pero el sometimiento y la violencia psicológica está ya instalada. Es muy posible que se puedan normalizar delitos y agresiones si la visión es únicamente la del sistema patriarcal, y con respecto al machismo ocurre lo mismo.

MANIFESTACIONES DE VIOLENCIA MACHISTA EN UNA RELACIÓN QUE PUEDEN PASAR DESAPERCIBIDAS
El varón hace callar a una mujer.
Ridiculiza a una mujer delante de otras personas.
No le interesan los sentimientos de la mujer que tiene al lado.
Controla su móvil o su ordenador. O pide a la mujer que le enseñe mensajes o contenido privado y personal.
Dice lo que tiene que ponerse o no le gusta cómo se viste.
Hace comentarios ofensivos, pero dice que son bromas.
Es celoso.
Culpabiliza a la mujer de las cosas que le salen mal a él.
Desconfía de la mujer.
Grita.
Se enfada de forma desproporcionada por pequeños detalles.
Apodos, como *nena* o *peque*, desde el primer día, son una forma de mostrar superioridad.
Desprecia a su anterior pareja, a la que insulta o de la que habla mal.

Los chicos SÍ lloran y NO tienen que pelear

Estos pequeños detalles de la vida cotidiana son los que configuran muchas desigualdades; cada pequeño acto, por muy insignificante que parezca, es un grano de arena que ayuda a aumentar la desproporción. Y el paso a la violencia machista puede ser inapreciable:

VIOLENCIA MACHISTA
Ignora los sentimientos de la mujer.
Humilla, grita o insulta en privado o en público a la mujer.
No le gusta que vea a otras personas si no está él, incluso la aísla de familiares o amistades.
No suele tenerla en cuenta para tomar decisiones que la afectan a ella o a su familia.
Controla el dinero que se gasta o cómo lo gasta, o el límite de lo que se gasta.
No le gusta que la mujer trabaje o no se lo permite. O no le interesan sus logros profesionales.
Amenaza con hacerle daño a ella o a su familia.
Insiste para tener relaciones sexuales, a pesar del no, o incluso la fuerza.
La ha agredido alguna vez físicamente.

Para que un niño aprenda a no cometer todas estas agresiones machistas, es fundamental la educación desde que nace. Sus juegos durante la infancia, sus juguetes, las referencias que tenga a su alrededor sobre niñas y mujeres, los espacios, la ropa, los colores, las relaciones que tenga con las niñas y el ejemplo de su entorno son un máster educativo para que aprenda machismo, o bien feminismo.

Normalización de la violencia. Un grave problema que tiene nuestra sociedad es que tiene normalizada la violencia, la que se ejerce hacia las criaturas, la que ejercen las criaturas entre ellas e incluso la que se ejerce sobre la mujer.

Me he encontrado muchas veces con personas que consideran que un cachete a tiempo o una bofetada a tiempo están justificados, y que es normal que, por ejemplo, los niños se peguen entre ellos.

A menudo escucho frases del tipo: «A mí me pegaron, he salido muy normal y no me ha pasado nada», que están a la orden del día. Pues sí, sucede que esa persona que cree que no le ha afectado la violencia que ha vivido durante la infancia resulta que ha normalizado la violencia. Con lo cual sí que le ha afectado, y mucho. Esa normalización puede cristalizar en situaciones en las que los niños aprenden a gestionar conflictos de forma violenta en lugar de dialogando y perpetúan una situación agresiva generación tras generación.

Marina Subirats y Amparo Tomé[56] especifican que, para enfrentarnos al tema de la violencia en el sexo masculino, hay que tener en cuenta dos aspectos:

- Los comportamientos violentos y agresivos no son valorados de esta manera por los propios chicos. Para demostrar su amistad, las niñas tienden a darse besos y abrazos, sin embargo, los niños tienen vetadas socialmente las expre-

---

56. Subirats Martori, M., y Tomé, A. (2007). *Balones fuera. Reconstruir los espacios desde la coeducación*. Barcelona: Octaedro.

siones de cariño, por lo que es normal que entre amigos haya peleas, collejas o capones como forma de expresar la amistad. Subirats y Tomé observaron en las aulas y patios que las víctimas de las agresiones masculinas eran los propios varones, aunque la mayoría de las veces ellos mismos no las percibían como tales. Sin embargo, tanto las niñas como las maestras sí que las percibían como formas de violencia.

- Debemos valorar el papel social de la violencia y la agresividad. Conocer por qué la competencia, la agresividad y la violencia han sido consideradas características positivas para los varones. Es posible que en otras épocas fuera necesario por pura supervivencia, pero en la mayoría de las sociedades occidentales, en este momento, no tiene sentido fomentar la violencia de ninguna manera (excepto si queremos perpetuar las desigualdades). Y fomentar esto para las sociedades futuras no solo no soluciona nada, sino que, además, puede traer muchos problemas.

Observa los datos del Instituto Nacional de Estadística de 2016, y valora de quién es el problema de la violencia:

	Tasa de homicidios						
	2016	2015	2014	2013	2012	2011	2010
Hombres	1,21	1,30	1,12	1,14	1,53	1,68	1,52
Mujeres	0,21	0,23	0,19	0,20	0,19	0,27	0,22

*Unidades: tasa por 1000 habitantes

Coeducación

Para empezar a replantearnos educar a nuestros niños en el feminismo, debemos pensar qué papel va a desempeñar la violencia en su entorno, porque si va a estar normalizada, por mucha educación en la igualdad, nuestro niño va a considerar la agresividad como una manera de resolver situaciones. Y en el futuro, puede ser un arma muy eficaz para resolver los conflictos con su pareja, con otras mujeres o incluso con otros hombres.

> **Apuntes**
>
> Si tu hijo se pelea o expresa sus sentimientos de forma agresiva, enséñale que esa no es la manera que tienen las personas para resolver los conflictos ni de expresarse. Dale herramientas para que aprenda a negociar y resolver de otra manera y trabaja la inteligencia emocional para que sepa manejar sus emociones. Revisa el apartado «Técnicas de negociación» del capítulo tres.

Enseñemos a los niños cómo ser niños libres
Por culpa del patriarcado, el universo masculino también es muy limitado. Es cierto que los varones no van a sufrir desigualdades sociales, agresiones ni invisibilizaciones por este tema, pero sí que van a sufrir incomprensión social, frustraciones e incluso pueden no ser capaces de alcanzar sus ambiciones personales por falta de habilidades sociales y emocionales. Gracias al feminismo, los varones van a poder participar de todas las esferas de la vida, desde las emociones hasta las responsabilidades del hogar.

Cambio de roles. Igual que alentamos a las niñas para que tengan ambiciones alejadas de su rol estereotipado de chica y aspiren a ser matemáticas, astronautas, ingenieras o pilotos de avión si así lo quieren, tenemos que alentar a los niños para que sepan que pueden ser profesores, enfermeros, artistas o bailarines. En lugar de fútbol se les puede proponer la gimnasia, en lugar de fomentar jugar a los coches se puede fomentar que jueguen a las cocinitas. Los niños tienen que saber, desde que son pequeños, que tanto ellos como las niñas pueden elegir aficiones, profesiones, juegos, ropa, complementos y modelos de conducta alejados del estereotipo instalado en la sociedad. Existen niños con altos niveles de estrés porque no llegan al estereotipo que se espera de ellos, no tienen ambiciones aventureras, no les gusta el fútbol, son más precavidos, más pacíficos, y deben saber que esa forma de ser niño es exactamente igual de válida. Esto los va a liberar de un gran peso social.

> **Apuntes**
>
> Anima a tu hijo a jugar a las muñecas, a limpiar y a hacer comiditas, si es pequeño. Dile lo importante que es que alguien se ocupe de hacer esas cosas, que todas las tareas son importantes y que lo fundamental es trabajar en equipo. Si es más mayor, que sea él quien se ocupe de esas actividades en casa.

Masculinidad. El fútbol, los piratas, los superhéroes y el resto de estereotipos no hacen que un niño sea niño. Se puede ser un niño de muchas formas, con maquillaje, vestidos

Coeducación

y tacones, si quiere. Jugando a las muñecas, pintándose las uñas o divirtiéndose como mejor le parezca, siendo pacífico y tranquilo. Las muñecas no son un juguete de niñas y los camiones de niños. Los colores tampoco pertenecen a un sexo, y un niño puede llevar el color rosa si le gusta. Puede ser un niño de muchas formas posibles.

> **Apuntes**
>
> Ofrécele diferentes opciones a la hora de vestirse o de elegir un juguete. Que vea que él también puede elegir una camisa rosa o violeta. Enséñale masculinidades diferentes, como la de David Bowie, Prince, Jaden Smith o Eduardo Casanova; libros como *Billy y el vestido rosa*, *Oliver Button es una nena* o *Monstruo Rosa*, y que vea películas como *Billy Elliot*. Es importante que normalice formas diferentes de ser un chico, que tenga referentes cercanos y que sea libre de expresarse como prefiera.

Referentes femeninos. Las mujeres hemos crecido con literatura escrita por hombres y protagonizada por varones, pero eso no nos ha impedido que las leyéramos y nos identificáramos con ellos, y hemos sido capaces de vivir sus historias como nuestras. Los niños tienen que aprender a hacer lo mismo. Para eso, es fundamental que tenga a su alrededor referencias femeninas: es importante leerle cuentos y libros protagonizados por niñas aventureras, que rompan los estereotipos; imprescindible que conozca historias de mujeres que han hecho cosas importantes para el mundo; películas protagonizadas por niñas y mujeres en las que su papel no sea de mujer sumisa y complaciente. Los niños deben tener referencias de mujeres empoderadas, líderes, deben saber que ellas son perfectamente capaces de cualquier cosa, deben verlo con sus propios ojos, y no de forma puntual, sino integrado en su vida como algo cotidiano.

> **Apuntes**
>
> Que conozcan las historias de Marie Curie, Isadora Duncan o Malala Yousafzai. Que vean películas en las que las niñas o mujeres tienen papeles esenciales: *Vaiana, El viaje de mi vida, Frida, Alien* o *Gorilas en la niebla*. Que lean libros como *Hilda y el Trol, Isadora Moon, Matilda* o *Catherine*.
> Los modelos femeninos tienen que estar normalizados a su alrededor, no como una excepción. Y esos modelos femeninos deben ser empoderadores, evitando las películas que ofrecen un modelo femenino complaciente y pasivo. Hay que recordarles las veces que los logros de las mujeres han sido silenciados, ocultados o robados en la historia o el deporte (revisar la tabla de empoderamiento femenino sobre este asunto). Deben ser plenamente conscientes de cómo se articula el machismo.

Autonomía. Es básico que los niños aprendan a ocuparse de sí mismos. Que las madres o los padres no les elijan la ropa o les hagan la comida siempre. Los niños tienen que saber cuidar de sí mismos. También tienen que saber que ocuparse de las tareas del hogar es tan importante como cualquier otra cosa, porque es la manera de que todo funcione, y deben involucrarse en esas tareas y sentirse responsables de ellas.

Coeducación

> **Apuntes**
>
> Hay que fomentar que los niños sean partícipes de su propio cuidado y poco a poco se hagan responsables de este: se preparen la merienda, elijan su propia ropa, cocinen, pongan lavadoras, frieguen los baños, etcétera. Y, por supuesto, que en casa observen a las figuras masculinas hacerlo igualmente.

Cuidados. Es fundamental que aprenda y se le inculque desde pequeño la responsabilidad y el cuidado de otras personas.

Dice Marcela Lagarde[57] que los hombres contemporáneos no han cambiado lo suficiente como para modificar ni su relación con las mujeres ni su posición en los espacios domésticos, laborales e institucionales. Para ellos no es valioso cuidar porque, de acuerdo con el modelo predominante, cuidar significa descuidarse, es decir, usar su tiempo con los otros: dejar sus intereses, usar sus recursos subjetivos, bienes y dinero, en los otros y no aceptan, sobre todo, dejar de ser el centro de su vida, ceder ese espacio a otros y colocarse en posición subordinada frente a los otros. Todo esto se debe a que, en la organización social hegemónica, cuidar es ser inferior. Así que es muy importante que, desde que son pequeños, los niños comprendan que los cuidados son necesarios y se sientan responsables de ellos en función de su madurez.

---

57. Lagarde, M. (2012). *Mujeres cuidadoras: entre la obligación y la satisfacción*. Coordinadora Feminista. [Disponible en: <http://www.feministas.org/mujeres-cuidadoras-entre-la.html>.]

> **Apuntes**
>
> Que aprenda cómo hay que cuidar a un bebé, a una persona cuando está enferma, o que ayude a las abuelas y los abuelos en pequeñas cosas cotidianas. A medida que el niño vaya creciendo un poco más, hay que continuar insistiendo para que se sienta partícipe de los cuidados y sea consciente de que son asunto suyo.

Generosidad. Directamente de la reflexión anterior que hizo Lagarde sobre los varones y su concepción de los cuidados, es fundamental enseñarles a los niños que no son el centro del universo. Educarlos para que tengan perspectiva real, para que sepan que las necesidades de las personas que tienen a su alrededor son importantes, que para que el mundo funcione deben funcionar todas las estructuras, incluidas las del hogar: alguien tiene que hacer la compra, la comida, poner lavadoras, recoger y limpiar. Alguien tiene que cuidar a los bebés, a las personas mayores, a las personas enfermas, y ese tipo de trabajo es tan necesario como cualquier otro.

> **Apuntes**
>
> Se debe insistir a los niños para que no se sientan el centro de todas las cosas ni ajenos a las responsabilidades. Involucrarlos en todas las situaciones de este tipo que vayan surgiendo en la familia es fundamental para que así sea.

Violencia. Sabemos que la violencia no es la forma de resolver ningún enfrentamiento e ignorarla, con los varones, la fomenta. Así que los niños tienen que aprender a resolver los conflictos a través de la negociación y la resolución de conflictos. No se pueden ignorar sus comportamientos agresivos, hay que insistir e insistir para evitar que normalicen la violencia y lleguen a rechazarla.

> **Apuntes**
>
> Si tu hijo juega a pelearse, enséñale que esa no es la manera que tienen las personas para resolver los conflictos. Dale herramientas para que aprenda a negociar y resolver los problemas de otra forma.

Amigas. Cuando los niños juegan solo con niños o los chicos se relacionan solo con chicos, presencian un universo muy limitado y se retroalimentan en los estereotipos. Además, si durante su infancia no se relacionan con niñas de forma natural y como amigas, puede ocurrir que cuando sean adultos las vean únicamente como posibles parejas sentimentales o parejas sexuales. Es posible que por culpa de su entorno social (el colegio y otros miembros de la familia) el niño rechace estas inquietudes, así que es fundamental que el ambiente en casa sea muy tolerante, proponer juegos que lo alejen de su lugar de confort y que sepa que puede haber personas a su alrededor que piensan de forma diferente. Prevenirle y enseñarle para que pueda enfrentarse a ello a través del diálogo y mucha información es fundamental.

> **Apuntes**
>
> Tienen que relacionarse con niñas y chicas, mujeres de todas las edades, y fomentar la amistad con ellas para que las vean como iguales, como personas con las que compartir la vida de la misma forma. Tienen que aprender a jugar con ellas, a tratarlas correctamente y a normalizar la convivencia.

Fomentar la sensibilidad y la comunicación. Los chicos sí lloran. Llorar es la expresión de un sentimiento igual de válido que cualquier otro. Los chicos lloran, pueden y deben hacerlo si se sienten mal. Expresar los sentimientos no es algo negativo, es lo que nos describe como seres humanos y es correcto hacerlo.

Así, los niños tienen que aprender que deben expresar sus sentimientos, deben identificarlos y trabajarlos. También tienen que aprender a comunicarse, a decir lo que sienten y lo que quieren.

> **Apuntes**
>
> Cada vez que tenga una rabieta, cuando se enfade, cuando se frustre, cuando esté triste, cuando esté cansado, es importante que sepa identificar todas esas emociones, que aprenda que son habituales y pueda gestionarlas de la mejor manera posible. Llorar, como reírse, emocionarse, entristecerse o asustarse, es sano y forma parte de una vida plena y completa.

Empatía y asertividad. Dos características esenciales para que los niños de hoy sean hombres con habilidades sociales correctas mañana. Saber decir lo que uno piensa sin agredir al de al lado y saber cómo se siente la persona que tienen enfrente son características fundamentales para conseguir justicia social y relaciones entre mujeres y hombres libres de agresiones.

> **Apuntes**
>
> Debe aprender a decir lo que piensa siempre, sin agredir a la persona a la que se dirige. Anímalo a que diga lo que piensa de la mejor forma posible.
> Para ponerse en el lugar de otras personas debe entender por qué actúan de determinada manera o toman las decisiones que toman.

Evitar el narcisismo. Explica Miguel Lorente, médico forense especialista en violencia machista, que desde los primeros estudios que se llevaron a cabo sobre maltratadores el narcisismo apareció como uno de los rasgos de personalidad más frecuentes, un rasgo que refleja esa percepción de superioridad idealizada que tienen. Para los narcisistas, los hombres son sus únicos referentes y las mujeres son parte del escenario, pero no son consideradas de igual a igual. Suelen despreciar lo que las mujeres dicen o hacen, pero son su medio para autorreafirmarse como hombres: por ejemplo, en los medios de comunicación es muy común que se utilice el currículum sentimental de un hombre poderoso para ensalzarlo.

Parece ser que cuando madres y padres insisten a los hijos en que son especiales, no tienen excesivos límites o se les hace ver que tienen más derechos que otras niñas o niños, interiorizan que son superiores. La sobrevaloración de un hijo puede convertirlo en narcisista; hacerle creer que hace las cosas mejor que el resto, compararlo con otras criaturas para decirle que es superior, no mostrarle sus errores, hablar mal de otras personas de su entorno, alardear de él en público y en privado... son conductas que no ayudan a ese niño a tener una autoestima alta, sino a tener un ego desproporcionado, y le está dando las pautas para convertirse en un narcisista.

> **Apuntes**
>
> Los niños tienen que saber que se les quiere y, según las investigaciones, es la mejor manera de que tengan la autoestima alta. Deben saber que son valiosos, pero no se pueden alabar constantemente sus actitudes y sus éxitos. ¿Cómo se hace esto? Con mucha honestidad y haciendo que se sientan queridos. Las madres, los padres y los educadores tienen que transmitirle al niño que es querido, que hace cosas bien y otras no. Honestidad, humildad y respeto.

Respeto. Los niños tienen que aprender a respetar: respetar espacios físicos y dialécticos, respetar a las mujeres, respetar a las niñas y sus juegos. Respetar las decisiones que las chicas toman.

Y de adultos, respetar a las mujeres. Respetar sus decisiones, sus aciertos y sus errores. Reconocer sus éxitos, escuchar. Muchos hombres no entienden la palabra *no*. Los niños tienen que saber que «no» significa no. El silencio también significa que no. E incluso «tal vez» significa que no. Solo «sí» libre, deseado, sin coacciones de ningún tipo, significa sí.

> **Apuntes**
>
> Imprime una foto de él y pégala en un papel. Anímalo a que se describa, física y emocionalmente. También anímalo a que cuente cuáles son sus aficiones, su forma de ser y qué le gustaría ser cuando sea mayor, no solo profesionalmente, sino qué tipo de vida quiere llevar y cómo le gustaría ser. Lo importante es analizar con él de qué forma está percibiendo el mundo, qué perspectiva tiene, además, de las niñas y las mujeres e identificar si su versión del mundo es feminista o machista.

Neomachismo

Es muy común que a nuestro alrededor haya varones que se consideran a sí mismos feministas o defensores de la igualdad, pero no dejan de perpetuar comportamientos machistas, como los que hemos visto en los ejemplos de actitudes machistas cotidianas.

Como dice Barbijaputa,[58] el neomachista defiende la igualdad, pero lo que él entiende por igualdad, no lo que entiendes tú, mujer. Y que una cosa es combatir el machismo y otra dejar que las mujeres hablen sobre feminismo y le quiten la razón a él. Igualdad sí, pero sin crecernos demasiado, *no nos vayamos a flipar*. El neomachista quiere que defendamos la igualdad de forma que a él no le salpique.

Por eso es fundamental que tengamos muy claro en qué

---

58. Barbijaputa. (2015). «Guía para detectar neomachistas», *eldiario.es* [Disponible en: <http://www.eldiario.es/zonacritica/Guia-detectar-neomachistas_6_436816359.html>.]

consiste este movimiento y saber detectarlo: no queremos que nuestros niños se conviertan en neomachistas.

El neomachista va de feminista, porque actualmente está muy mal visto decirles a las mujeres que se vayan a fregar, es políticamente incorrecto, así que su técnica es otra:

TÉCNICA DEL NEOMACHISTA	EXPLICACIÓN
Dice querer la igualdad entre hombres y mujeres, pero que ya la tenemos. «Ni machismo ni feminismo, igualdad», será su frase mágica.	Recordemos que el feminismo busca la igualdad, que el feminismo no es lo contrario del machismo y, como hemos visto, NO existe la igualdad de oportunidades entre hombres y mujeres. Si no es feminista, es machista.
Con respecto a la violencia machista, dirá que también hay hombres maltratados por sus parejas.	Sí, los hay: de los 300 hombres asesinados al año en nuestro país, el 99 % son asesinados por otros hombres y el resto suele ser en defensa propia ante una pareja maltratadora.
Que las leyes contra la violencia machista contribuyen a que las mujeres pongan denuncias falsas durante las separaciones, divorcios o como venganza.	En un seguimiento de la Fiscalía de Sala contra la Violencia sobre la Mujer con la colaboración de todos los fiscales, en el año 2016, concluyeron que las denuncias falsas de violencia machista fueron un 0,0015 % del total.
Ridiculizan a las mujeres que luchan por el feminismo y no entienden las cuotas o la acción positiva.	Las políticas dirigidas a favorecer a los grupos minoritarios, como las cuotas, son las únicas herramientas que existen para corregir la discriminación que sufre la mujer, ya que esto no se ha producido jamás de forma espontánea. También existen cuotas y desgravaciones por contratar a personas con diferentes capacidades físicas o intelectuales y todas las personas lo entienden.

Coeducación

> ··· **TALLER FEMINISTA** ···
> **48 frases que los hombres oyen a lo largo de su vida**
>
> Visualiza con tu hijo el vídeo «48 Frases que los hombres oyen a lo largo de su vida» (que son malas para todos) y analizad si es cierto que escucha esas frases o si piensa que tiene que cumplirlas. Genera un debate con él para que valore la posibilidad de revisar la manera que él tiene de ser un chico, por si no se siente cómodo actuando de determinada manera o le gustaría expresarse de otra forma. También que se dé cuenta de las diferentes perspectivas que existen en el machismo, ya que en la sociedad se va a encontrar muchas formas diferentes de expresar la superioridad hacia las mujeres, y la incomprensión con los varones que se alejan del modelo hegemónico.

PARTE III.
RELACIONES ENTRE
CHICAS Y CHICOS

6.
Tu cuerpo es un templo, pero no como te lo han contado

El mito del amor romántico y la sexualidad

> Mientras nosotras amábamos,
> los hombres gobernaban.
> KATE MILLETT

Paula Pokrifki, interpretada por Debra Winger, está trabajando en su fábrica cuando Zack Majo, interpretado por Richard Gere, entra vestido de oficial, la toma en brazos y se la lleva de allí mientras su amiga apostilla un conmovedor «te lo mereces». De fondo suena la canción *Up Where We Belong*, de Joe Cocker, cuyo estribillo dice algo así como:

> El amor nos eleva allí donde pertenecemos,
> donde gritan las águilas en la alta montaña.
> El amor nos eleva allí donde pertenecemos,
> lejos del mundo que conocemos,
> allí donde sopla el viento claro.

Esta es la escena final de *Oficial y caballero*, una de las películas románticas por excelencia.

Otra escena final memorable es una en la que Edward, de nuevo Richard Gere, va a buscar a Vivian, Julia Roberts, para salvarla de la prostitución y culmina con la canción de Roxette *It Must Have Been Love*.

Como estas, tenemos grabadas en nuestro consciente y subconsciente cientos de películas en las que las mujeres son salvadas por el «hombre de su vida». No hace falta remitirse a la *Cenicienta* ni a la *Sirenita*, en la edad adulta hay muchas referencias de amor romántico a nuestro alrededor. Echa un vistazo y valora algunos argumentos: en *Desayuno con diamantes* aparece un personaje masculino redentor, Paul Varjak, que salva a Holly Golightly, Audrey Hepburn, de ser una prostituta. En el *Diario de Bridget Jones*, la única solución a la vida de Bridget es el amor. Y mucho sexo durante seis temporadas, pero el final de *Sexo en Nueva York* también es el amor para las cuatro protagonistas, incluida Samantha.

A veces no es necesariamente una película romántica la que nos muestra que el amor debería poderlo todo: en *Boyhood* es la madre del protagonista, Patricia Arquette, la que ha hecho todos los esfuerzos: estudia en la universidad, busca un buen trabajo, cría a sus hijos…, pero en una conversación entre padre (exmarido) e hijo, el personaje de Ethan Hawke, que ha sido un padre ausente y ha llevado una vida ociosa hasta hace pocos años, incide en que si su madre hubiera tenido más paciencia, ahora que es un hombre hecho y derecho serían una familia unida. Su hijo apostilla que si eso hubiera sido así, le habría ahorrado un desfile de padrastros alcohólicos. En definitiva, ambos echan la culpa a la madre de no haber aguantado lo suficiente. En lugar de eso, ¿no hubiera sido más apropiado que el personaje de Ethan Hawke asumiera su inmadurez y reconociera que había sido él quien les habría podido ahorrar esa ajetreada infancia? Pero no, en nuestro imaginario colectivo tenemos grabado a fuego que las mujeres tienen que aguantar, ser pacientes sufridoras y superar obstáculos. Y el personaje de Patricia Arquette no tuvo la paciencia suficiente, qué le vamos a hacer.

Si miramos a nuestro alrededor, la mayoría de las películas o series culminan con la consecución del amor de pareja. En muchas, ese amor es el motor de la trama o un complemento importante. Y la mayoría de las veces, está basado en la falacia del amor romántico. La sociedad y la cultura popular nos han hecho creer que el amor de pareja es un fin en sí mismo, es a lo que todas las personas tienen que aspirar para completarse. Pensarás: «¿Acaso no es así?, ¿qué hay de malo en intentar encontrar el amor y que este sea la base de la realización personal?». Pues, a pesar de todo lo que nos han contado, hay muchos aspectos negativos en la concepción que se tiene del amor: para empezar, tener pareja es una decisión individual, no una obligación. El ideal romántico perjudica a muchas adolescentes porque, por ejemplo, asumen la violencia sexual y la normalizan como «falso consentimiento», aceptan el control de su pareja e incluso el maltrato. Y esto son solo las consecuencias más perjudiciales y evidentes del amor romántico, pero hay muchas más. El amor romántico o el amor de pareja no debería ser el objetivo de vida de nadie, ya que es una opción como otra cualquiera. Sin embargo, la sociedad en pleno castiga a las personas sin pareja. ¿Por qué?

El mito del amor romántico

El amor romántico es aquel que todo lo puede y todo lo justifica, una concepción del amor propia de la cultura occidental que facilita que se normalicen formas de control, celos e incluso maltrato que pueden desembocar en violencia machista.

La Fundación Anar lleva 21 años atendiendo a más de 3 millones de niñas y adolescentes, muchas de ellas víctimas de violencia machista de toda España. Uno de los datos que me parece más preocupante del informe que tienen publicado, y que recoge las estadísticas del año 2015, es que de las 453 llamadas que recibieron, el 60 % de las chicas no eran conscientes de ser víctimas de este tipo de violencia, lo que es un aumento significativo de la «conciencia» que podían tener en los años anteriores. Esto significa que, cada vez más, aumenta la normalización de ciertos patrones y conductas en las parejas. Lejos de arreglarlo, los mitos del amor romántico son los responsables de estas situaciones, en las que algunas chicas son coaccionadas, *por amor*, a aguantar relaciones desiguales y tóxicas, en las que, por ejemplo, asumen que los celos son una forma de expresión del amor y que es normal que su pareja fiscalice sus horarios y movimientos. O que en las relaciones de pareja hay que aguantar a la pareja pase lo que pase. O las presionan para que les manden fotografías íntimas y cuando la relación termina se encargan de viralizarlas por las redes sociales.

Como explica Ana de Miguel,[59] el problema histórico de las mujeres con el amor reside en que, durante siglos, la sociedad no les dejó otra opción de realización personal. Compartir la vida con otra persona puede ser una opción perfecta y muy válida, siempre y cuando ambas personas estén en igualdad de condiciones. Hasta hace poco, la mayoría de las relaciones de pareja eran claramente desiguales en las relaciones heterosexuales, ya que los hombres eran los que tenían el poder, el dinero y la toma de decisiones, mientras que las mujeres eran las que se quedaban en el hogar, ocupándose de la casa y criando las criaturas que iban naciendo. Incluso con la incorporación de la mujer al trabajo, en muchas parejas continúa la desigualdad: las mujeres han entrado en el mundo laboral, pero los hombres no han entrado en el hogar. Esto, además, perpetúa otros sistemas de organización de la pareja que perjudican deliberadamente a la mujer y, al final, los casos de control, maltrato y violencia contra las mujeres no hacen más que recordarnos que el sometimiento continúa. Lo peor es que la historia se recrudece: los adolescentes de hoy están manteniendo y actualizando sistemas de control y abuso, y está demostrado que el concepto de amor romántico incapacita a muchas mujeres a ser conscientes del problema.

---

59. De Miguel, A. (2015). *Neoliberalismo sexual. El mito de la libre elección*. Madrid: Cátedra.

Relaciones entre chicas y chicos

MITO	AMOR ROMÁNTICO	AMOR SANO
Amores imposibles.	La cultura popular se encarga de ofrecernos historias donde los enamorados luchan contra viento y marea para que su relación siga adelante. Este tipo de amor tiende a idealizarse como si fuera más potente que cualquier otro amor. Falacias como «los polos opuestos se atraen» inciden en esta idea.	El amor puede darse de cualquier manera y entre personas muy diferentes, pero no necesariamente por este motivo es un amor más puro y pasional. Además, está comprobado que las parejas más afines tienen más probabilidades de éxito que las que tienen menos cosas en común.
Idealización del amor y de la persona amada.	Existen personas que quieren enamorarse y vivir en pareja porque consideran que es la única manera que existe para realizarse personalmente y que el amor de pareja les va a aportar todo lo que les falta y las va a complementar.	El amor puede ser maravilloso, así como la vida compartida con una persona, pero ese no debe ser el fin en la vida de nadie y es perjudicial pensar que otra persona las completa y les va a hacer la vida más llevadera. Tienen que aprender que las personas son completas por sí mismas y que no necesitan de nadie más.
El amor es una pasión que hace sufrir.	Frases como «quien bien te quiere te hará llorar» o «no hay rosas sin espinas» ayudan a que se asuma que el amor conlleva sufrimiento. Por culpa de este mito, muchas parejas llegan a normalizar el conflicto y consideran normal discutir continuamente.	El amor sano no hace sufrir, ni hay peleas de forma constante. Los desacuerdos son normales hasta cierto punto, las personas tienen que aprender a identificar cuándo la relación tiene un problema y hay que solucionarlo de alguna manera.

Tu cuerpo es un templo, pero no como te lo han contado

MITO	AMOR ROMÁNTICO	AMOR SANO
El amor está predestinado.	Conceptos como «la pareja ideal», «el amor de tu vida» o «tu media naranja» hacen ver que hay una sola pareja posible y real, y que si llegas a encontrarla, deberías conservarla.	Se pueden tener varias parejas a lo largo de una vida y tener, todas, la misma relevancia, o ninguna. No existe una pareja creada para otra persona. Simplemente, hay personas que se entienden mejor y pueden llevar una vida en pareja de forma positiva durante más tiempo.
Omnipotencia, el amor todo lo puede.	Las películas y la literatura nos han hecho creer que el amor es tan potente que es capaz de sortear los vaivenes de la vida. Si hay amor de verdad, da igual que te traslades hasta el otro extremo del mundo durante diez largos años, que el amor perdurará. O da igual que la otra persona tenga una familia absorbente que se inmiscuye en sus asuntos, que el amor lo soportará. O no importa que uno de los dos haya traicionado las bases que han establecido en su relación, que el amor lo superará.	No: el amor es un sentimiento bastante complejo y volátil que puede sufrir importantes alteraciones por causas externas. Y es normal que se resienta e incluso desaparezca.

Relaciones entre chicas y chicos

MITO	AMOR ROMÁNTICO	AMOR SANO
El amor dura toda la vida.	De nuevo otro concepto equivocado, ya que el amor, aunque suene evidente, dura lo que dura. Hay parejas que se entienden a la perfección y que han establecido un modelo de relación en el que hay amor y, además, los dos están en sintonía, y puede durar toda la vida. Pero eso no tiene por qué ser así siempre.	Simplificarlo para que sea un sentimiento que dura para siempre perjudica a las personas que mantienen relaciones estables por miedo al fracaso, al rechazo social, a la vergüenza de romper una relación que se suponía «para toda la vida» o incluso porque no saben vivir de forma independiente porque nadie los ha enseñado a completarse por sí mismos.
Posesión y celos.	Si sientes amor de verdad, tendrás celos porque es la manera de demostrar tu amor a la otra persona. Además, en la relación de pareja, uno se completa con el otro y tiene derecho a fiscalizar a la otra parte.	Si asumimos que las personas no nos pertenecen, y que incluso dentro de una relación de pareja somos personas independientes y libres de cualquier tipo de posesión, los celos deben desaparecer de la ecuación completamente.

Tu cuerpo es un templo, pero no como te lo han contado

MITO	AMOR ROMÁNTICO	AMOR SANO
Exclusividad y fidelidad.	Pensar que solo se puede amar a una sola persona o que la otra persona solo puede amarnos a nosotros. Establecer que la fidelidad es la única y perpetua base del amor, como si fuera un muro infranqueable que en el momento que se rompe hace años la relación de pareja es también una forma de control de la otra persona.	El amor se puede repartir de muchas maneras y, al igual que madres y padres aman a sus hijas e hijos por igual, puede ocurrir que personas amen o deseen a personas diferentes en el mismo momento, de la misma manera o de forma diferente. El amor de pareja no debería ocupar más espacio que otro tipo de amor. Por otro lado, cada pareja tiene sus códigos y establece sus límites y formas de relacionarse, incluso con las infidelidades. Una infidelidad de ella o de él no debería ser el termómetro por el cual se mide el amor y el compromiso de una pareja. La propia pareja debería establecer sus propias bases.
Matrimonio y toda la vida.	La única conclusión del amor es la pareja estable y una pareja estable se formaliza con el matrimonio o con la convivencia.	Las relaciones amorosas no siempre tienen que concluir en una relación estable. Las relaciones pueden ser de muchas maneras y tener un espacio específico y un tiempo concreto. El fin de las relaciones de pareja no siempre debe ser la convivencia o el matrimonio. Dependerá de la relación.
Cambiar por amor.	Pensar que el amor es capaz de cambiar a las personas y que ese defecto que tiene tu pareja se corregirá con el tiempo.	Las personas, por norma general, no cambian o cambian poco. Y, además, se debería asumir la pareja tal y como es, con sus virtudes y sus defectos.

Relaciones entre chicas y chicos

MITO	AMOR ROMÁNTICO	AMOR SANO
Control.	La pareja tiene derecho a controlar lo que hace la otra parte.	Rotundamente, no. Las parejas pueden estar informadas, en la medida que cada uno considera, sobre lo que hace o deja de hacer, pero en ningún caso una parte puede controlar lo que hace la otra.
Entrega.	Una pareja debe entregarse mutuamente, compartir todos los momentos que sean posibles juntos y vivir el uno por el otro.	En absoluto. Las personas que están en una relación de pareja no deben aislarse y deben actuar en esa relación como en cualquier otra: se deben sentir libres y con la capacidad de mantener una vida plena al margen de la relación.

El 68 % de las y los adolescentes andaluces se consideran la mitad de algo y buscan a alguien que cierre ese círculo.[60] ¿De dónde han sacado esta conclusión?

Esto se lo hace creer la sociedad que los rodea, las canciones pop, el cine, la literatura y el imaginario colectivo. Los poetas han dedicado tantos poemas al amor que nos hacen pensar que es el motor de la vida. Las canciones nos recuerdan que sin amor no somos nada. En el cine nos bombardean con historias donde el amor lo puede todo.

Así, cuando las mujeres y los hombres llegan a la adolescencia o a la edad adulta, creen que ese mito del amor romántico existe, que si encuentran a la persona adecuada podrán

---

60. Junta de Andalucía, Instituto de la Mujer.

estar con ella el resto de su vida, creerán que hay que aguantar lo inaguantable porque el amor es así, porque si has conseguido encontrar al «amor de tu vida», está predestinado por el universo para estar contigo y cómo osas tú dejar la relación porque simplemente te insulta, te ningunea, te humilla o incluso te pega. *Peccata minuta* frente al mito del amor romántico. Incluso es posible que tenga tan grabado a fuego el mito que ni siquiera lo vea. Los hombres creerán que las mujeres les pertenecen, pueden controlar lo que hacen y decidir sobre ellas y las mujeres aguantarán injusticias. Ninguno de los dos se realizará plenamente y cuando él sienta absoluta dependencia de ella, comenzarán los malos tratos. Y cuando ella sienta absoluta dependencia de él, los consentirá. Por eso necesitamos mujeres empoderadas, independientes, autosuficientes, y hombres aliados del feminismo, seguros de sí mismos.

Rosa Sanchís sostiene que a las niñas se las educa en la dependencia desde que son pequeñas: «trae», «ten cuidado», «no te subas»…, y esta sobreprotección las condiciona cuando son adultas, pues también conciben la relación con un hombre para protegerse. Los clichés comienzan en el momento en el que un niño tira de la coleta a una niña, o le levanta la falda, y le decimos a la niña: «Hace eso porque le gustas». En ese instante, le estamos transmitiendo que el amor se puede expresar con agresividad y falta de respeto. No, a ese niño no le gusta esa niña y, además, la está molestando. Y tenemos que educarlos en ese momento a los dos: a ella para que no lo consienta ni lo disculpe y a él para que no lo haga de ninguna manera.

Relaciones entre chicas y chicos

El feminismo no tiene ningún problema con el amor, porque el amor puede ser maravilloso cuando las dos partes establecen las bases de su relación de forma consensuada, hay respeto y admiración, hay deseo y atracción, cuando se cuidan mutuamente, se hacen compañía, tienen inquietudes similares, pasan el tiempo de forma agradable y comparten una vida de forma positiva, manteniendo los espacios personales. Las relaciones de pareja no tienen por qué ser muy distintas a otro tipo de relaciones, como las que se tienen con amistades o familiares. Existe una atracción sexual, o no, porque pueden existir relaciones de pareja más allá del sexo, un compromiso (en algunos casos) y un deseo que las distingue de otras relaciones, pero en su mecánica diaria pueden comportarse con mucha más flexibilidad de la que se les presupone: las parejas no tienen por qué hacer todas las cosas juntas, no tienen por qué salir juntas, no tienen por qué dejar de hacer cosas que les gustan por separado, no tienen por qué compartirlo todo; cada miembro de la pareja debería ser independiente, debería tener sus propias inquietudes. Y el amor de pareja no debería ser el fin último de realización personal, porque supone emplear todos los esfuerzos en hacer funcionar relaciones condenadas a no comprenderse; puede ser un infierno cuando las dos partes no se entienden, cuando tienen objetivos diferentes, cuando hay celos, control, posesión, peleas, insatisfacción o sufrimiento. Por lo tanto, tenemos que ser conscientes de que el amor puede tener dos caras. Entonces, ¿por qué, generalmente, tendemos a idealizar las relaciones de pareja?

Tu cuerpo es un templo, pero no como te lo han contado

Qué les enseñan sobre el amor. Nuestras criaturas, como nosotros en su momento, toman referencias de lo que las rodea y la sociedad y la cultura popular se convierten en un modelo de conducta tan válido que les dice cómo tienen que hacer las cosas. El cine, las series, la televisión, la literatura, el arte, internet, la música, sus amistades…, todo lo que tienen alrededor las influye y las influirá. Pero ¿sabes cuáles son sus referencias?

Se están criando con princesas salvadas y redimidas por el amor de un príncipe, con historias de amor por todas partes. Me di cuenta de eso durante un viaje en coche con mis hijas, que debían de tener entre tres y seis años, en el que jugaban a un juego que consiste en adivinar algo que aparece en una película que han visto. Mi hija pequeña trataba de adivinar qué era, tras la pista que le dio mi hija mayor: «Aparece en toooodas las películas». Rápidamente, la pequeña contestó: «¡Un beso de amor!». Me quedé perpleja. Efectivamente, en casi todas las películas había un beso de amor. Esa no era la respuesta correcta, creo recordar que eran las nubes, pero ella tenía razón, me parece que en las películas hay más besos de amor que nubes.

Ya hemos visto cuáles son las referencias de niñas y niños, pero ¿qué pasa en la adolescencia?

Echa un vistazo a la trama de la saga *Crepúsculo*: una adolescente se enamora de un vampiro y decide sacrificar su vida entera (literalmente) para convertirse en vampira y estar con él eternamente, renunciando a la vida, a la independencia y a la libertad.

Relaciones entre chicas y chicos

En *Cincuenta sombras de Grey*, una dócil y apocada joven conoce a un chico mayor, más experimentado, poderoso y dominador, que la introduce en el sexo duro.

En *Tres metros sobre el cielo* la protagonista es una adolescente dulce y virginal que conoce a un chico dominador y agresivo del que acaba enamorada a pesar de varios episodios violentos. El resto es una ristra de mitos de amor romántico uno detrás de otro. No sigo.

Vamos con las canciones que nos acompañan desde la infancia. Sin entrar en obviedades, como la canción *La maté porque era mía*, o *Sí, sí*, si escogemos cualquier canción y la analizamos profusamente, en la mayoría de los casos encontraremos mitos del amor romántico en cada esquina. El superéxito *Yo contigo, tú conmigo*, de Álvaro Soler y Morat, que es de lo menos agresivo que podemos encontrar en las letras de las canciones, dice algo así:

> Y aunque quieran quitarme la voz,
> yo pegaré un grito al cielo.
> Soy más fuerte si estamos los dos,
> va a rendirse el mundo entero.

La falacia de que una persona se completa con otra está presente en este inofensivo estribillo.

Igualmente pasa con la poesía y la literatura. El propio Pablo Neruda, tan inspirador durante la adolescencia con su poemario *Veinte poemas de amor y una canción desesperada* (si relees poemarios clásicos de cualquier autor, verás que los mitos del amor romántico campan a sus anchas), describió una violación que perpetró en el verano de 1929 en su libro de memorias *Confieso que he vivido*. García Márquez hace lo propio en *Memoria de mis putas tristes*, donde comienza con esta reveladora frase: «El año de mis noventa años quise regalarme una noche de amor con una adolescente virgen».

¿Que las y los adolescentes de hoy ni leen literatura clásica ni escuchan canciones pop? Peor aún, escuchan al rapero Maluma, que tiene más de 27 millones de seguidores en Instagram y más de 4 millones de seguidores en Twitter, es decir, una auténtica influencia para adolescentes y jóvenes de todo el mundo, y que elabora canciones como la que sigue:

> Estoy enamorado de cuatro *babies*.
> Siempre me dan lo que quiero,
> chingan cuando yo les digo,
> ninguna me pone pero.
> [...]
> Ya no sé ni con cuál quedarme,
> y es que todas maman bien,
> todas me lo hacen bien,
> todas quieren chingarme encima de billetes de cien.

Pero que no cunda el pánico. Puedes respirar con tranquilidad, porque, en realidad, a quienes escucha la juventud es a los *youtubers*: uno, que daba besos por la calle y lo grababa en vídeos que luego subía a internet, se ha tenido que enfrentar a varias demandas por agresiones sexuales; otro enseña a ligar y escribió este poderoso tuit: «Cuando un hombre dice que apoya el feminismo, pierdo el respeto por él. Es como sujetar el cuchillo que te cortará los testículos»; otro más asegura ante su gran público que hay más hombres violados que mujeres. Algunos se refieren a sus compañeras como *putas* y *zorras*, públicamente rechazan el feminismo y se circunscriben como machistas. ¿Es que no hay chicas *youtubers*? Claro que sí, en el top de creadores de contenido (sin contar a los *gamers*, sector ampliamente dominado por hombres y que de añadirse menguaría aún más la estadística), componen el 10 % del total y, aunque las hay muy comprometidas con otros temas, generalmente hablan sobre belleza y cosméticos.

Si nos vamos a la televisión, reflejo también de la sociedad en la que vivimos, nuestras criaturas pueden ver programas en *prime time* donde se cosifica a las mujeres, donde se hacen comentarios machistas y donde el amor, el sexo y la afectividad están supeditados a las bromas de mal gusto y al sexismo. En un programa de citas entre mujeres y hombres, en el que las salidas de tono, los comentarios y las actitudes machistas son constantes, «castigaron» a dos de sus estrellas a pelar patatas para dar una «lección ejemplarizante».

Hablemos de sexo

Las relaciones sexuales y la sexualidad también son construcciones sociales. En Occidente tenemos una concepción de él muy diferente a cómo se practica en otras partes del mundo:[61] la expresión sexual está impregnada de sociedad y cultura, por lo que no puede reducirse únicamente a la biología.

En un estudio que realizaron las universidades de Salamanca y Cantabria sobre las relaciones de las y los adolescentes con el sexo en el que participaron 764 adolescentes de Zamora, Ávila y Badajoz, con edades comprendidas entre 13 y los 20 años, concluyeron que las necesidades afectivas entre adolescentes son cada vez más parecidas, pero hay un porcentaje mayor de chicas que buscan afecto en una relación sexual y de chicos que buscan sexo en una relación de pareja.

Nuria Varela[62] dice que las mujeres liberadas por el feminismo en la tercera ola del feminismo no se olvidaron de su cuerpo. La libertad sexual, de hecho, fue el centro del debate: se desvinculó la maternidad del sexo y una de las luchas principales fue la libertad sexual y la libertad de las mujeres en las relaciones de pareja. Gracias al Movimiento de Liberación de la Mujer se rompió el tabú sobre la sexualidad femenina y, por primera vez, se puso en el punto de mira el placer sexual de las mujeres, lo que se tradujo en métodos anticonceptivos y educación sexual.

La sexualidad ha jugado históricamente en contra de las mujeres. En las relaciones heterosexuales es bastante común que las mujeres se entreguen al juego sexual y el orgasmo

---

61. Nieto, J. A. (2003). *Antropología de la sexualidad y diversidad cultural*. Madrid: Talasa Ediciones.
62. Varela, N. (2013). *Feminismo para principiantes*. Barcelona: Zeta Bolsillo.

masculino sea el final del juego. Y si en ese ínterin la mujer ha llegado al orgasmo, eso que se lleva. Y si no, gracias por participar. Y esto en el siglo XXI, porque hace sesenta años el placer de la mujer ni se tenía en cuenta. ¿Cuántas veces habrás oído que los hombres *necesitan* el sexo? ¿Y las mujeres? ¿No lo necesitan? ¿O es que han sido educadas para que no lo necesiten ni lo reclamen? ¿Y el amor? Como dice Rosa Sanchís:[63] ¿quién educa a los chicos para ser unos analfabetos emocionales y a las chicas para ser unas analfabetas sexuales?

Por este motivo toca hablar de educación sexual. Según Sanchís hay tres formas de explicar la educación sexual:

- Desde el punto de vista religioso. Se centra en el amor y el matrimonio, los temas son la concepción, el embarazo, el parto y la familia tratados desde una perspectiva moral y cívica.
- Desde el punto de vista biológico y sanitario. Se explican los riesgos de la actividad sexual, el embarazo y las ITS, aunque, según la ideología, puede variar mucho el enfoque, ya que algunos niegan la sexualidad de los adolescentes, otros intentan posponerla y los que tienen más éxito (con menor tasa de embarazos no deseados, hasta un 80 % menos en el caso de Suecia) son los que dotan de toda la información a las y los jóvenes.
- Desde el punto de vista del derecho al placer y de mostrar el sexo como algo positivo. Este es el punto de vista que hace fal-

---

63. Sanchís, R. (2006). *¿Todo por amor? Una experiencia educativa contra la violencia a la mujer.* Barcelona: Octaedro.

ta para que chicas y chicos, mujeres y hombres, se enfrenten a la sexualidad con una perspectiva de igualdad, feminista.

> **Apuntes**
>
> Vamos a poner a nuestras criaturas en situación de estar en pareja:
> ¿Qué es para ti el amor de pareja?
> ¿Te parece importante el romanticismo en la pareja? ¿Qué es para ti el romanticismo?
> ¿Cambiarías algo de lo que eres porque tu pareja te lo pide?
> Vamos a identificar si nuestras criaturas tienen asumidos los mitos del amor romántico o, por el contrario, son capaces de visualizar una relación de pareja sana.

Tal y como explica Sanchís, la educación sexual que reciben las chicas y los chicos es completamente diferente: aunque no seamos conscientes, comienza con la construcción de su género. Para los chicos, el sexo es una necesidad y el sexo y el amor van por separado. Sin embargo, a las chicas se las educa para que el amor sea una necesidad. ¿Cómo se hace esto? Volvemos a los modelos de educación a través de los estereotipos: ¿te acuerdas de todas esas referencias de juegos, cuentos, películas y cultura popular en las que a las niñas se les habla de amor romántico, de cuidar bebés y de príncipes azules? Pues es aquí donde toda esa educación florece. A los chicos, sin embargo, la educación estereotipada los ha adiestrado para la acción, para estar fuera de casa y ser héroes solitarios con cosas más importantes que hacer, por lo que el amor se queda en un segundo plano. Así, cuando chicas y chicos llegan a la adolescencia, tienen que lidiar con algo mucho más importante a la hora de afrontar las relaciones de forma conjunta, y es que a unas las han educado para no tener en cuenta el sexo (las chicas a las que les gusta el sexo son unas *guarras*, unas *putas* y unas *frescas*) y centrarse en el amor (el amor es lo más importante y necesario) y a otros los han educado para no pensar en el amor (eso de los sentimientos es para debiluchos y calzonazos) y para pensar en el sexo (y demostrar su potencia sexual entre las chicas y sus amigos).

La única manera que existe para que mujeres y varones puedan vivir el amor, la afectividad y la sexualidad de una manera plena, compartida y en igualdad es a través de la coeducación. De otra forma, se perpetuarán las desigualdades y la violencia. Hay que educar a chicas y chicos para vivir el amor, la afectividad y la sexualidad de una manera sana, en la que tanto ellas como ellos sepan cuáles son las reglas del juego y estén plenamente involucrados. Según su capacidad de entender las cosas, es esencial hablarles sobre este tema, para que las chicas desvinculen el sexo del amor y asuman que se pueden tener relaciones sexuales por placer, donde entran en juego el deseo y la afectividad, pero no el amor, y los chicos sepan que incluso en las relaciones sexuales esporádicas entra en juego la afectividad y que pueden expresar sus sentimientos y, si así lo desean, establecer una relación afectiva sana con otra persona.

Cuál es su espacio personal. Las niñas y los niños tienen que saber cuál es su espacio personal y el espacio de las personas que tienen enfrente, y respetarlos. Ya hemos visto cómo la parte masculina tiende a invadir espacios ajenos y las niñas y las mujeres tienden a cederlos. Para que esto cambie, los niños tienen que aprender a respetar los espacios ajenos y las niñas deben saber que si alguien invade ese espacio y sienten incomodidad, tienen que protestar. Y las personas adultas que estamos a su alrededor debemos detectarlo y corregirlo.

Establecer límites. Lo ideal es animar a nuestras criaturas a que consientan los abrazos, los besos, las cosquillas y otros tipos de contacto y muestras de afecto si quieren. Pero si la niña o el niño dicen que no quieren que les toquen de alguna forma, debemos respetarlo y tiene que saber que tiene la capacidad de frenar ese tipo de comportamientos.

Una de las cosas que enseñé a mis hijas desde que eran muy pequeñas es que los besos solo tenían que darlos si ellas querían. No me canso de ver madres y padres insistiendo a sus criaturas para que besen a sus tías o a sus abuelos, o incluso a desconocidos, y me pregunto si esas criaturas están aprendiendo que las muestras de afecto se pueden hacer de forma forzada. Mis hijas, si no quieren dar un beso, no lo dan. Es una forma de aprender que nadie puede obligarlas a hacer algo con su cuerpo que no quieran. Si jugamos a las cosquillas y dicen que pare, paro. Eso les enseña que ellas siempre deben tener el control de lo que se hace con su cuerpo. Es muy importante educar a los niños para que respeten el cuerpo de las niñas.

Prevenir abusos sexuales. Su cuerpo les pertenece. Y ellas y ellos tomarán las decisiones de lo que hacer con él.

Aunque en España no hay datos oficiales y las cifras bailan según consultes una fuente u otra, ya que es un tema poco documentado, se estima que dos de cada diez niñas sufren y sufrirán abuso sexual en nuestro país. Y no hay diferenciación entre clases sociales, barrios o tipos de familias. Estos son los hechos. Y en nuestra mano está empoderar a niñas y niños para que tengan la seguridad de lo que está mal, de que tienen que decirlo y de que no son culpables. Y nosotros somos responsables de protegerlos.

Estos son los siete pasos para prevenir el abuso sexual que ofrece la Fundación Rana, una guía de prevención para adultos donde puedes encontrar información y herramientas sencillas que te permiten prevenir, detectar y actuar frente a un caso de abuso sexual a un menor. Aquí voy a resumirte estos siete pasos, pero te invito a que leas en profundidad esta guía:

1. **Conoce los hechos.** Los adultos tenemos la responsabilidad de proteger a los niños. Alrededor del 90 % de los abusos se producen dentro del entorno familiar o de alguien en quien confía la familia: es muy probable que conozcas a algún abusador sexual. El 70 % de los abusos sexuales que se denuncian tienen víctimas menores de edad.
2. **Reduce al mínimo los riesgos.** Debes ser consciente de que el abuso sexual ocurre cuando una niña o un niño está a solas con un adulto, debes saber con quién dejas a tus criaturas y qué hacen.
3. **Habla sobre el tema.** En general, niñas y niños mantienen el abuso en secreto, pero las barreras caerán si hablas abiertamente del asunto.

4. **Mantente alerta.** No esperes señales obvias de que una niña o un niño está siendo objeto de abusos sexuales, los indicadores están ahí y tú puedes detectarlos. Por ejemplo: cambios en el comportamiento, conocimientos sexuales que no se corresponden con su edad, cualquier lesión inusual, etcétera.
5. **Infórmate para saber reaccionar.** Debes saber adónde ir, a quién llamar y cómo reaccionar. El abuso sexual es un delito que hay que denunciar.
6. **Actúa cuando tengas sospechas.** Está en riesgo el futuro bienestar de una niña o un niño. Hay sitios adonde puedes dirigirte aunque solo tengas sospechas y necesites asesoramiento.
7. **Involúcrate.** Puedes ofrecerte como voluntario o socio para apoyar organizaciones que luchen contra el maltrato infantil y el abuso sexual a menores.

Según esta guía, una de cada cuatro niñas y uno de cada seis niños puede convertirse en víctima de abuso sexual.

Educación sexual. Una vez superada la información práctica (métodos anticonceptivos y ITS), la educación sexual debería afrontar la afectividad y el placer. A día de hoy, el placer sexual femenino sigue siendo un tabú. Hasta hace poco era la manera de que las esposas no fueran infieles y las chicas no fueran promiscuas: las mujeres que disfrutan del sexo, las que tienen varias parejas sexuales o las que hablan abiertamente de sexo no están bien vistas por la sociedad. Sin em-

Relaciones entre chicas y chicos

bargo, los varones que hablan de sexo y que tienen muchas parejas sexuales son unos héroes. ¿Por qué? Por culpa de las construcciones de cada género. Los hombres disfrutan con el sexo y las mujeres con el amor..., ¿seguro? De nuevo, tenemos que replantearnos esta construcción social y repensarla otra vez.

Si analizamos las referencias que chicas y chicos tienen durante la infancia y la adolescencia, se evidencian perfectamente las diferenciaciones que van a desembocar en concepciones muy diferentes del amor y el sexo:

SEXO	REFERENCIAS AMOR/SEXO DURANTE LA INFANCIA	REFERENCIAS AMOR/SEXO DURANTE LA ADOLESCENCIA	RESULTADO
Chicas	**Sociedad:** preguntas del tipo: «¿Tienes novio?» cuando tienen cinco años insisten en la idea de que tener novio es algo necesario. **Literatura y cine:** modelo de chica virginal y sumisa o, en contados casos, guerrera e independiente, pero cuyo fin último es el amor. **Publicidad:** chica/mujer preocupada por su aspecto, la familia y el amor.	**Sociedad:** el amor es lo más importante, sin amor no eres nada y es lo que te completa como persona. Las chicas buenas no hablan de sexo, ni les gusta ni les interesa. **Literatura y cine:** mismas referencias que en la infancia. **Publicidad:** mismas referencias que en la infancia. **Cultura popular:** revistas para chicas centradas en cómo seducir a los chicos, cómo gustarles e incluso cómo darles placer.	Chicas para las que el amor es lo principal, incluso se convierte en la razón de su vida. El sexo es completamente secundario y está ligado al amor.

Tu cuerpo es un templo, pero no como te lo han contado

SEXO	REFERENCIAS AMOR/ SEXO DURANTE LA INFANCIA	REFERENCIAS AMOR/ SEXO DURANTE LA ADOLESCENCIA	RESULTADO
Chicos	**Sociedad:** las niñas son débiles. Tienes que ser fuerte e independiente. Los chicos no lloran y no muestran sentimientos. **Literatura y cine:** protagonistas masculinos centrados en sus aventuras y peripecias, alejados del hogar, para los que el amor no es una prioridad. **Publicidad:** varones independientes, pendientes de su carrera profesional, ambiciones personales y del sexo.	**Sociedad:** el sexo es lo más importante, masturbación, placer individual. Las chicas se convierten en objeto de deseo sexual. Pero las relaciones con las chicas son algo secundario. **Literatura y cine:** mismas referencias que en la infancia. **Publicidad:** mismas referencias que en la infancia. **Cultura popular:** pornografía e, incluso, prostitutas.	Chicos para los que el sexo es lo principal (sus fuentes son la pornografía) y está enfocado de manera autocomplaciente. El amor es secundario y, además, está completamente separado.

De esta manera, las chicas y los chicos y, por extensión, las mujeres y los hombres, tienen una forma de afrontar las relaciones de pareja heterosexuales completamente diferente.

Según un estudio de la Junta de Andalucía, el 60 % de los jóvenes de entre 14 y 16 años tiene percepciones y actitudes sexistas respecto a la construcción y comprensión de las relaciones afectivas. Más de un 20 % de los chicos piensa que las mujeres son más débiles que los hombres y hasta un 60 % está de acuerdo con que, en la pareja, lo normal es que el hombre proteja a la mujer. Parte de la sociedad espera que los varones tomen la iniciativa, sean sexualmente activos, independientes y que las chicas sean sumisas, busquen el *amor verdadero* y disfruten *lo justo* con el sexo. Ante estas expectativas, ¿cómo es posible que mujeres y hombres se puedan entender? Es cierto que desde la década de 1960 la sociedad ha avanzado mucho y existen muchos sectores en los que la mujer es libre, y poco a poco se van derribando los estereotipos. Sin embargo, en gran parte de la sociedad, todavía queda mucho por avanzar.

A las chicas las aleccionan para que tengan cuidado porque los chicos solo las quieren para una cosa (el sexo), algo que, además, ellas no deben disfrutar (porque entonces son unas *guarras*), pero que forma parte del juego del amor y deben consentir. ¿No están llenas de referencias contradictorias?

Mitos del sexo. Dice Rosa Sanchís que las consecuencias de la falta de educación sexual son muy variadas. Entre otras, existe la falsa creencia de que el coito es el culmen del sexo, cuando, en realidad, todo lo relacionado con el placer sexual también es sexo. ¿Los preliminares son preliminares de qué? Se han establecido socialmente unos mitos con respecto al sexo que hacen que las y los adolescentes no tengan claros muchos conceptos. ¿Por qué la «primera vez» hace referencia exclusivamente al coito? ¿Qué pasa con los homosexuales, cuál es su primera vez? ¿Y con las lesbianas? Puede que nunca tengan esa *primera vez*. Efectivamente, porque el inicio de la sexualidad en pareja no se produce cuando se *pierde la virginidad*, un constructo social como muchos otros, sino cuando dos personas comparten el placer sexual de la forma que sea: besos, caricias por encima de la ropa, por debajo de la ropa, masturbación, sexo oral, coito, sexo anal…, hay muchas maneras de relacionarse sexualmente y, aunque el coito es lo más extendido socialmente y los referentes culturales nos lo ponen como eje de las relaciones sexuales, es un acto androcentrista que puede proporcionar placer a la mujer, pero no es el método más infalible para que ella llegue al orgasmo, tal y como avalan los estudios al respecto. Es cierto que el orgasmo no tiene por qué ser el fin único de una relación sexual, pero sí que hay que tener en cuenta que las mujeres desean, las mujeres también quieren sentir placer, y cuando están ante una relación sexual heterosexual, el hombre debe tenerlo presente. La liberación sexual de la mujer reside en el placer, y la forma en la que conseguimos el placer no tiene por qué ser la misma en la que lo consiguen ellos. Las chicas también se empoderan a través del sexo, disfrutando y deseando, y los chicos tienen que asumir que, para muchas chicas, el coito puede no ser la forma más directa de dar placer a su pareja.

Liberación sexual de la mujer. Las mujeres nos hemos liberado sexualmente, pero eso no significa que seamos un receptáculo para el hombre, que puede disponer de nosotras a su antojo y meterla por donde pueda; la liberación de la mujer no va de eso, a pesar de que nos vendan formas de explotación sexual como *liberación* de la mujer. Cuando las feministas de mediados del siglo XX hablaban de liberación sexual, no se referían a que a partir de ese momento los hombres podían hacer con ellas lo que quisieran y convertirlas, si cabe, en ser más objetos sexuales (como ocurre, por ejemplo, cuando se cosifica y explota a la mujer en los medios, en la pornografía o en la prostitución). Significaba que las mujeres reivindicaban que ellas también sentían placer y querían disfrutar del sexo.

Hasta hace poco, se pensaba que la mujer conseguía el orgasmo a través del coito y, sin embargo, diversos estudios constatan que es el clítoris el centro de placer: dependiendo de las fuentes que se consulten, únicamente entre un 25 % y un 40 % de las mujeres aseguran llegar al orgasmo durante el coito. Pero, claro, la estimulación del clítoris está lejos (física y socialmente) de lo que otorga placer al hombre, que es el coito. Si nos vamos a las referencias culturales, tanto en el cine como en la literatura aparecen normalmente dos cuerpos practicando el sexo con penetración. Ni hablamos de la pornografía, industria hecha por y para los hombres donde la mujer está completamente cosificada y existe exclusivamente para dar placer al hombre. Eso se traduce en que la juventud puede recibir la idea de que el sexo se limita a eso.

¿Por qué la penetración sigue siendo el eje central del sexo en el imaginario colectivo? Porque durante muchos siglos y en las sociedades más conservadoras, el sexo estaba destinado a la reproducción (al menos moralmente, porque en la realidad no era así) y el coito era la vía para propiciar un embarazo. Sin embargo, en el momento en que asumimos colectivamente que el sexo no existe únicamente para reproducirse, el coito debería convertirse en otra forma más de relacionarse sexualmente.

Tu cuerpo es un templo, pero no como te lo han contado

Si en algún momento te surgen dudas sobre si efectivamente la sexualidad ha sido androcéntrica en los últimos siglos, puedes acercarte de nuevo a *Política sexual*, de Kate Millett, donde habla de lo femenino y lo masculino como un tema político en el que las relaciones de poder campan a sus anchas y la opresión se cierne sobre las razas, las castas, las clases y los sexos. Todas las vías de poder están en manos masculinas: el ejército, la universidad, las finanzas, la ciencia y la política, un privilegio que impacta irremediablemente contra las mujeres. Esta organización de la sociedad está así resuelta de forma completamente intencionada: para las autoridades políticas la familia es un nexo que controla lo que ellos no pueden controlar, los miembros de la familia se van a encargar de que los individuos que la componen se adapten a la sociedad. Dentro de ella, la jerarquía es clara: el hombre es el que tiene el poder y, desde ahí, los hombres de menor edad y las mujeres en el último término (seguro que conoces a más de una familia en la que son el padre y el hermano los que tienen la última palabra, aunque sean mayoría las mujeres, e incluso de mayor edad). El patriarcado quiere que las mujeres sean sumisas, complacientes y sexualmente precavidas para perpetuar su sistema de control. Y el mito del amor romántico desempeña un papel fundamental. Ante esta perspectiva, ¿dónde cabe el placer sexual de la mujer?

Un ejemplo de cómo les enseñan a las adolescentes lo que es el sexo es un reportaje que salió en la revista *Teen Vogue* titulado: «Sexo anal, qué necesitas saber». Tal y como explicó

Relaciones entre chicas y chicos

Raquel Rosario Sánchez,[64] especialista en Estudios de la Mujer, Género y Sexualidad, dice que lo primero que hay que tener en cuenta es que el sexo anal es un tipo de práctica sexual que muchos chicos quieren practicar, pero que a muchas chicas no les suele interesar en absoluto. Con respecto al reportaje de la revista, en la ilustración de la anatomía del cuerpo de la mujer no incluyeron el clítoris, cuando se sabe que, en términos de placer sexual, el equivalente al pene no es el canal vaginal sino el clítoris. ¿Pensarán los señores de *Vogue* que el clítoris es irrelevante para la sexualidad? En palabras de Sánchez, «tampoco mencionan que en las relaciones heterosexuales, y en especial entre adolescentes, existe un clima de coerción y manipulación con respecto al sexo anal». Las feministas que estudian la sexualidad han visto con preocupación cómo muchas adolescentes describen la presión que reciben por parte de sus compañeros para participar en un acto sexual que describen como «constreñido, doloroso y peligroso» para ellas. Entonces, ¿por qué *Teen Vogue* les dedica un artículo para convencerlas? Porque así funciona el patriarcado.

Masturbación. Niñas y niños, desde que son pequeños, sienten curiosidad por sus genitales. Es perfectamente normal que exploren y es bueno que sepan que esa exploración forma parte de la intimidad de cada persona y que hay que hacerla en privado. Nuestras criaturas deben conocerse a sí

---

64. Rosario Sánchez, R. (2017). «Sexo sin deseo», *Tribuna Feminista*. [Disponible en: <http://www.tribunafeminista.org/2017/07/sexo-sin-deseo/>.]

mismas desde que son pequeñas y es fundamental que les transmitamos que es natural y positivo.

En el estudio realizado por las universidades de Salamanca y Cantabria sobre las relaciones de las y los adolescentes con el sexo, un 83,7 % de las chicas encuestadas afirmaba no haberse masturbado nunca, frente a un 7,1 % de los chicos. ¿A qué se debe esto? Una de dos: o las chicas mienten porque siguen presionadas por el estereotipo de que las mujeres no necesitan placer sexual, o bien no tienen la suficiente educación y libertad sexual para experimentar con su cuerpo. Ambas opciones son deprimentes y cero empoderadoras. Las chicas tienen derecho a descubrirse, a disfrutar del placer sexual y a no tener miedo de contarlo.

Visión de la sexualidad con libertad. Sí, las mujeres somos libres de vivir nuestra sexualidad como mejor nos parezca y nadie puede tener la capacidad de juzgarnos. Es más, una mujer puede comenzar una relación sexual consentida y en el último momento, o en cualquier momento, decidir que no quiere continuar. También puede quitarse la camiseta, el sujetador, las bragas y correr por la calle y ningún varón tiene derecho a agredirla sexualmente o tocarla. Por supuesto que los varones también pueden hacer todo esto y las mujeres tienen que respetarlos, pero no hace falta que lo diga porque las mujeres no son las que agreden sexualmente, son los varones.

Es fundamental que las adolescentes sepan que su sexualidad les pertenece solo a ellas y que deben tener el control de la situación siempre. En cualquier momento pueden decidir que no quieren seguir adelante o que lo que están haciendo no les gusta, en cualquier momento pueden parar, y no pasa absolutamente nada, ni son unas *calientapollas*. Sencillamente, están tomando decisiones.

También tienen que saber que, dentro de una relación de pareja, tampoco deben satisfacer las necesidades de su pareja de ninguna manera: si su novio tiene ganas de sexo y ella no, es perfectamente libre de decir que no. Si su pareja quiere determinada práctica sexual y ella no, la otra parte tiene que respetarlo. Insisto: la liberación de la mujer hace referencia al placer de ella, no a convertirse en objeto sexual del hombre. Por este mismo motivo, las chicas tienen que saber que no todas las relaciones sexuales tienen por qué darse dentro del marco del amor y que pueden sentir placer sin que haya una relación afectiva de por medio.

Los chicos tienen que aprender que todas las prácticas sexuales tienen que ser consentidas por ambas partes, que las mujeres no son meros receptáculos y que incluso en relaciones esporádicas y únicamente sexuales hay un componente fundamental de respeto y afectividad. Deben ser corresponsables, además, de los riesgos del sexo (embarazos e infecciones de transmisión sexual). Tienen que vivir la sexualidad con libertad, pero siendo conscientes de los peligros, tanto físicos como afectivos: los chicos deben saber que las mujeres no son objetos sexuales y deben aprender que cuando quieren tener sexo con ellas es para compartir ese momento con otra persona, no únicamente como un acto individual y de autosatisfacción.

En este contexto, también es importante hacerse preguntas: si las mujeres son libres de vivir la sexualidad como les parezca, ¿son libres de prostituirse o de trabajar en la industria de la pornografía? ¿Son libres cuando deciden convertirse en un objeto sexual? ¿Son libres cuando se desnudan en la portada de una revista? ¿Son realmente *libres* o no lo son, porque no tienen alternativas? El sistema nos ha convencido de que las mujeres somos libres, pero perpetuar un sistema de explotación sexual, donde el hombre pueda acceder al cuerpo de la mujer por un módico precio, nunca va a construir una sociedad feminista.

Cultura de la violación. El grave problema de las agresiones sexuales y las violaciones es que están completamente aceptadas por la sociedad. Incluso es normal que una chica o mujer que ha sido violada sea cuestionada (*victim blaming*): «¿Seguro que no quería?», «Ella lo estuvo provocando toda la noche».

Esta cultura de la violación se entiende cuando afecta a las decisiones judiciales, como en el caso de un violador al que se le redujo la pena por violar a una niña de 5 años, al asegurar que ésta no puso resistencia[65] o cuando rebajan la pena a otros violadores porque la víctima no iba lo suficientemente borracha[66]. El goteo de mujeres que acusan a productores de cine,

---

65. ABC, (2017). *Un juez no aprecia abuso sexual a una niña de 5 años «porque no opuso resistencia»*. [Disponible en: <http://www.abc.es/sociedad/abci-juez-no-aprecia-violencia-abuso-sexual-nina-5-anos-porque-no-opuso-resistencia-201703171239_noticia.html>.]

66. Huertas, Y., (2017). *Rebajan la pena a los presuntos violadores de una joven granadina porque su embriaguez era «moderada»*. Ideal. [Disponible en:

actores, fotógrafos... tantas y tantas mujeres anónimas que deciden denunciar públicamente acosos, agresiones y violaciones, nos indica que este comportamiento no es excepcional y que está completamente arraigado y aceptado en nuestra sociedad. Los hombres, con bastante frecuencia teniendo en cuenta los testimonios de las mujeres, agreden y violan.

Durante todo este tiempo, se ha educado de forma incorrecta en este aspecto: a las niñas se las enseña a tener cuidado, a que eviten volver solas por la noche, a no provocar a los chicos e incluso a llevar un espray de pimienta en el bolso para evitar ataques. Sin embargo, a los niños no los han educado para no violar. Es así de sencillo: a los niños no les enseñan que cuando una chica no quiere hacer algo hay que respetarla y que no pueden tomar a cualquier mujer en cualquier momento para satisfacerse sexualmente. Que si una chica tontea con él no significa que quiera tener sexo con él. Aunque se vaya a su casa, la chica puede cambiar de opinión y no querer tener sexo con él. Incluso aunque estén ya en la cama, la chica puede, en cualquier momento, decidir que no quiere seguir adelante y parar.

A las mujeres nos educan para complacer, para rechazar el sexo o incluso para hacer cosas que no queremos. A los hombres los educan para conseguir lo que quieren cuando quieren y como quieren. Nuestras criaturas tienen que saber lo que es una agresión sexual y lo que es una violación, según

---

<http://www.ideal.es/granada/flashes-habitacion-20171119000417-ntvo.html>.]

su nivel de entendimiento. A veces los hombres insisten a sus parejas hasta que estas ceden, y eso se llama «falso consentimiento». La mujer accede por presión, pero realmente no desea tener sexo. Eso también es una agresión sexual. En la primera parte de la película *Stockholm*, el chico se dedica a insistir, insistir e insistir a una chica que conoce una noche hasta que esta accede a irse con él y tener relaciones sexuales. Él aparece como un chico divertido, espontáneo y seductor. En la segunda parte de la película, ella es la que insiste, pero él (y las personas que vemos la película) acabamos tomándola por loca. Tenemos asumido que es normal que un hombre insista, pero si lo hace una mujer, ¿es que está mal de la cabeza?

Una agresión sexual y una violación se producen cuando a una mujer la fuerzan a tener una relación sexual con otra persona sin su consentimiento. Es decir, cuando la mujer no puede consentir (porque está dormida, inconsciente o incapacitada bajo las sustancias de alcohol o drogas), cuando está presionada, chantajeada, cuando su pareja insiste, cuando el hombre se quita el condón sin su consentimiento o cuando no consiente en absoluto y es forzada físicamente estamos ante agresiones sexuales o violaciones. «No» es *no*. «No me apetece» es *no*. «Estoy muy cansada» es *no*. El silencio también es *no*. Solo «sí» deseado, libre y sin presiones es *sí*. Debemos grabar a fuego esto en nuestras criaturas, porque, tal y como explica Tina Alarcón, presidenta de la Federación de Asociaciones de Asistencia a Mujeres Violadas, se está dando un repunte de este tipo de delitos y en este momento los chicos jóvenes se sienten con la libertad de agredir sexualmente a las chicas. ¿Por qué? Porque los han educado de forma incorrecta y porque la cultura de la violación está cada vez más arraigada en la sociedad.

En España un hombre viola a una mujer cada hora, (agresiones con penetración), según datos del Ministerio del Interior. Si tenemos en cuenta que se denuncia una de cada seis violaciones, podemos entender que la cultura de la violación está bien consolidada en nuestro país.

Volvemos a las referencias externas que nos llegan para medir el impacto de esta realidad: las princesas resucitadas con el beso de un desconocido inciden en la idea de que se puede besar (y todo lo demás) a alguien si está durmiendo o incapacitada. ¿En cuántas películas se hacen referencias al abuso de una mujer que no está en plenas facultades? En *Hable con ella* el personaje de Benigno viola al personaje de Alicia cuando está en coma. En *Ligones*, una película dirigida a adolescentes y jóvenes en pleno 2017, se consuma una violación y esta y sus repercusiones se toman a broma. Bernardo Bertolucci confesó que Marlon Brando y él decidieron violar realmente a Maria Schneider en una escena de la película *El último tango en París*. Películas y series se encargan de alimentar la cultura de la violación cuando presentan escenas de violaciones de forma gratuita, que no aportan nada a la trama y en las que, además, el violador no sufre consecuencias. Kate Millett, en *Política sexual*, explica la tranquilidad con la que la literatura y el cine han tratado las violaciones y las agresiones sexuales: analiza pasajes de Norman Mailer, Henry Miller o Jean Genet que hacen temblar a cualquier persona con un mínimo de conciencia feminista. Ni la pornografía ni la prostitución, prácticas dirigidas únicamente a la autosatisfacción, los enseñan a contar de forma positiva con las mujeres, ni a respetarlas ni a tener en cuenta sus deseos.

Todas las referencias que los varones tienen alrededor se confabulan para hacerles creer que hay ciertas prácticas aceptables y que son *cosas que pasan*.

Pero no todo es negativo en la lucha contra la cultura de la violación. Se agradecen mucho los gestos que, por ejemplo, vienen por parte de estrellas de la música que paralizan un concierto porque son testigos de una agresión sexual: Sam Carter paralizó el concierto de su grupo, Architects, para denunciar una agresión sexual que acababa de ver. Esto significa que el feminismo está haciendo las cosas bien y que, gracias a las feministas, algunas conciencias están despertando.

Control de su sexualidad. En su libro *Cansadas. Una reacción feminista frente a la nueva misoginia*, Nuria Varela explica, con cifras muy clarificadoras, cómo, después de que en España entrara en vigor la Ley de Salud Sexual y Reproducción y de Interrupción Voluntaria del Embarazo en 2010, que pretendía prevenir embarazos no deseados y otorgar seguridad jurídica a las mujeres que desean interrumpir la gestación, empezaron a descender el número de abortos al año en España: en 2011 fue de 12,47 por cada 1.000 mujeres, en 2012 fue de 12,12, en 2013 fue de 11,74 y en 2014 fue de 10,46. Además, el descenso más bajo con respecto a los abortos fue en la franja de edad más joven. Conclusión: esta ley, que daba poder y control a las mujeres sobre su sexualidad, funcionaba, además, para concienciar sobre la planificación familiar y evitar así posibles soluciones drásticas *a posteriori.*

En la adolescencia deben saber que es una responsabilidad compartida controlar los posibles contagios de ITS y embarazos no deseados, chicas y chicos deben ser conscientes y aceptar las reglas del juego. Para eso, deben tener mucha información real a mano para poder tomar decisiones y tener el control absoluto de la situación, y somos sus madres, padres y educadores los responsables de darles toda la información necesaria y las facilidades para que sean conscientes de los riesgos y sepan tomar decisiones correctas.

Aborto. En 2016 una niña chilena de 11 años que era violada por su padrastro de forma repetida se quedó embarazada. En Chile el aborto está prohibido por ley, sin supuestos. Ese mismo año, en Perú, otra niña de 11 años se quedó embarazada de su primo y, como la ley también prohíbe el aborto, sufrió un aborto clandestino que acabó con su vida dos días después. Estas situaciones se dan de forma repetida. Hay mujeres que se quedan embarazadas y no tienen la capacidad económica ni física para encargarse de sus criaturas. Otras quieren ser libres de tomar la decisión que sea sobre su propio cuerpo y su propia vida.

Entiendo que el aborto es un tema conflictivo, ya que las decisiones que se toman en torno a él corresponden a la ética y la moral personal de cada una. Pero para afrontar este tema con nuestras criaturas, hay que tener claros varios conceptos:

- No se obliga a ninguna mujer a abortar. Las mujeres que no quieren abortar simplemente no lo hacen.
- No es una discusión moral, sino jurídica.
- Es muy lícito que una mujer esté en contra del aborto y no quiera abortar bajo ninguna circunstancia, pero no puede pretender que todas las mujeres sigan su mismo código moral.
- El aborto va a existir siempre, como siempre ha existido. Con lo cual, hay que ser honestos para ofrecerles a todas las mujeres que puedan hacerlo con seguridad.
- En los países en los que está legalizado el aborto, el número de abortos ha disminuido considerablemente, según datos de la Organización Mundial de la Salud.
  - En los países en los que el aborto es ilegal hay 37 abortos por cada 1.000 mujeres (que se sepa, porque al ser ilegal la mayoría de los abortos son clandestinos). 6,9 millones de mujeres sufrieron complicaciones y entre 22.500 y 44.000 mujeres murieron por complicaciones derivadas por un procedimiento mal practicado.
  - En los países en los que el aborto es legal hay 34 abortos por cada 1.000 mujeres y la tasa de mortalidad es de apenas un 0,7 por cada 100.000 procedimientos.

Por lo tanto, la legalización del aborto no aumenta los abortos, los reduce y, además, disminuye considerablemente los riesgos en la salud de las mujeres que abortan.

En España hay más de 500.000 embriones congelados en clínicas de fertilidad. La mayoría serán destruidos y no existe legislación al respecto. ¿Por qué, sin embargo, se cuestiona de esta forma el aborto? En palabras de Miguel Lorente, «porque lo que se cuestiona es que la mujer pueda tomar una decisión».

Y si lo que realmente preocupa son las *vidas*, deberían saber que con las leyes que protegen a las mujeres que abortan también se fomenta la educación sexual y se reduce, como hemos visto, el número de embarazos no deseados, que son la verdadera solución al aborto. Hay personas que consideran que el único supuesto que es válido es que solo pueda abortar una niña de once años que ha sido violada o una chica que está en peligro de muerte si lleva a cabo el embarazo; es el mismo supuesto que con los embriones congelados, de nuevo es la decisión de la mujer la que se cuestiona. ¿Es que una mujer solo tiene poder sobre su cuerpo si es violada?

Apuntes

Es fundamental que las conversaciones sobre sexo empiecen pronto, adaptadas a su edad, y poco a poco vayan evolucionando en complejidad e información. Si no hablas de sexo nunca, y cuando cumple doce años te sientas a explicarle de qué va todo esto, olvídate, ya es tarde. Cualquier momento es bueno para hablar sobre ello, y si no tiene inquietudes, saca tú el tema después de ver una escena subida de tono en una película, un cuadro en una exposición o con cualquier excusa. Siempre tenemos que transmitirle que el sexo es algo positivo.

Cómo se manifiesta la violencia en la adolescencia

En el estudio realizado por la socióloga Carmen Ruiz Repullo, impulsado por el Instituto Andaluz de la Mujer, se constata que la mayoría de las víctimas sufren violencia sexual camuflada por el «falso consentimiento» y condicionada por el modelo de sexualidad imperante. Esto significa, como hemos visto, que muchas jóvenes consienten relaciones sexuales que no quieren tener.

Está demostrado que los abusos de los chicos hacia las chicas comienzan en la infancia. Según una investigación cualitativa realizada por la Comunidad de Madrid, algunos niños empiezan a tener conductas de desprecio hacia las niñas y las molestan solo por el hecho de ser niñas. Incluso puede llegar a haber agresiones físicas en las que el niño quiere poner a la niña en su sitio. Cuando pasa el tiempo y llegan a la adolescencia, casi todas las formas de relacionarse se recrudecen:[67] por ejemplo, los chicos tocan el culo de las chicas o sus tetas en público para demostrar su valentía. Este es el comienzo de una sexualidad en la que desprecian e ignoran el deseo de sus compañeras y se centran en su propia satisfacción.

Además, con la intención de demostrar su superioridad, los chicos comienzan a hacer comentarios despectivos hacia las chicas, referidos a su cuerpo (culo, tetas) o insultos hacia un estándar de feminidad convencional (*gorda*, *fea*, *marimacho*).

---

[67]. Fuente: Salud Pública de la Comunidad de Madrid.

Relaciones entre chicas y chicos

En la adolescencia comienzan a tener las primeras relaciones de pareja y se establecen sin tener en cuenta unas expectativas comunes, por lo tanto, suele ocurrir que una parte intente controlar a la otra, imponer sus opiniones y esto derive en discusiones y desencuentros que deberían resolver con sus habilidades de diálogo y negociación, pero que en ocasiones se resuelven con formas de control: aparecen los celos, como si fuera un sentimiento de amor. Pero, como hemos visto en los mitos del amor romántico, chicas y chicos tienen que saber que las personas son libres incluso cuando están en pareja, que se pueden establecer expectativas, pero que estas no deben nunca cercenar la libertad de la otra persona. Los celos denotan inseguridad, control, y son una forma de violencia que hay que evitar completamente. Ya que con el objetivo de que la pareja no se enfade, las chicas van cediendo y evitan cierto tipo de comportamientos, e incluso dejan de lado amistades, pudiendo llegar al aislamiento.

Chicas y chicos deben saber que en las relaciones de pareja ambas partes son libres y que si a una de las partes no le gusta la forma que tiene de relacionarse la parte contraria, lo más eficaz es abandonar la relación sentimental.

Signos de violencia machista en adolescentes. Si una chica está siendo víctima de la violencia machista, es posible que no lo cuente, por lo que es importante estar pendiente de todas las señales que puedan aparecer:
La víctima:

- Deja de salir con sus amistades habituales.
- No se arregla ni se viste como lo hacía antes.
- El chico le hace comentarios degradantes y humillantes.
- Recibe llamadas o mensajes de él a todas horas.
- Tiene peor rendimiento en la escuela.
- Se altera y se pone triste con los mensajes que recibe.
- Calla ante los insultos.
- Manifiesta temor hacia él.
- Reconoce o justifica alguna agresión física.
- Cuando una chica tiene miedo, hay que actuar aunque no haya agresión física. El miedo indica que por la otra parte hay control y sometimiento.

Es muy probable que una chica sea incapaz de identificar el maltrato. Por eso las personas adultas que estamos a su alrededor tenemos que estar pendientes para detectarlo.

El chico que perpetra la agresión:

- Es celoso, controlador y posesivo.
- Tiene comportamientos e ideas machistas.
- Reclama a su pareja atención continua, exclusividad y dedicación.
- La manipula.
- La descalifica, es intolerante e intransigente.
- Amenaza.

Tenemos que ser conscientes de que los propios hijos pueden ser futuros maltratadores. Si tienes hijos debes asumir la responsabilidad de educarlos y detectar a un posible maltratador.

Acoso escolar: *bullying* y *bullying* sexual. El 70 % del *bullying* lo sufren las niñas. La mayoría del acoso escolar que sufren chicas y chicos tiene que ver con la construcción de feminidades y masculinidades: a un chico lo acosan porque parece gay o tiene pluma, a una chica la acosan porque es una *marimacho*, porque vive su sexualidad como le parece o porque su aspecto físico no se ajusta a los cánones de belleza establecidos. Nuestras criaturas son acosadas porque la sociedad les impone cómo tiene que ser una chica y cómo tiene que ser un chico, y hay chicas y chicos que se creen de verdad que los estereotipos deben funcionar y, con miedo a lo diferente, presionan, se burlan, humillan y ejercen violencia verbal, física o sexual contra estas personas. Por eso es tan importante educar en la diferencia, en el respeto, en la no violencia y en el feminismo.

La serie *13 Reasons Why*, en la que una adolescente de dieciséis años se suicida tras sufrir acoso en el colegio y deja trece cintas explicando los motivos de su suicidio, presenta de forma muy clara cómo se perpetra la violencia machista y el *bullying* sexual. La chica dice haber sufrido acoso por parte de sus compañeros, y así es. Sin embargo, tras ver la serie, el trasfondo de su *acoso escolar* es el machismo absoluto. Hoy, el acoso sexual se expresa en palabras tan novedosas como inquietantes: *sexting, ciberacoso, bullying sexual, genderbullying*..., pero, al final, es lo mismo: las personas que viven su sexualidad con libertad (o no lo hacen, pero lo parece) se arriesgan a que las personas que tienen alrededor decidan hacerles la vida imposible.

Es bastante común avergonzar a las mujeres por cómo viven su sexualidad. Seguro que te suenan expresiones del tipo «es una ligera de cascos», «se pasó por la piedra a media pandilla», o, directamente, es una «fresca», una «estrecha», una «calientapollas» o una «puta». Esa forma de calificar a las mujeres es mucho más que chascarrillos entre amigos o cotilleos entre amigas: es una forma de discriminación y humillación que quiere, de nuevo, decidir cómo tiene que ser y cómo tiene que comportarse una chica.

Redes sociales y violencia hacia las chicas. Una de las novedades que se presentan en esta generación es que la forma más frecuente de agresión y control es a través de las redes sociales y el móvil: WhatsApp, Snapchat, Instagram... Hay chicos que pueden proponer a sus parejas que les den las contraseñas con la excusa de que en una relación de pareja *no hay secretos*; sin embargo, las y los adolescentes tienen que saber que cada miembro de la relación es libre de guardarse los secretos que considere oportunos. Así que las contraseñas de las redes sociales, o el acceso a ellas por parte de la pareja (porque quiere revisar los mensaje de WhatsApp), son prácticas que hay que evitar completamente. También es posible que los chicos fiscalicen lo que sus parejas hacen en las redes, sus comentarios, sus reacciones, y luego presionarla o agredirlas utilizando la información obtenida.

Es posible también que el chico revele intimidades a través de las redes tras un conflicto o al finalizar la relación. Y si hay un vídeo o fotos comprometidas, que las comparta también con la intención de perjudicar a la otra parte.

El *sexting* es la difusión de imágenes, vídeos u otros contenidos de tipo sexual o erótico a través del móvil o internet. Es una de las violencias que mayor poder destructivo tiene (podemos recordar varios casos de suicidios que se han dado en chicas por esta causa), ya que la viralidad puede hacer que el contenido se propague más allá del círculo social o de amistades.

El *bullying* sexual es una forma de maltrato entre adolescentes en el que atacan a la víctima con comentarios o actos de contenido sexual con el objetivo de ridiculizarla y humillarla.

El *grooming* se produce cuando un adulto capta a través de las redes sociales la atención de una niña o un niño con la intención de mantener relaciones sexuales físicamente o a través de las redes.

Chicas y chicos tienen que saber que la intimidad y el respeto hacia las otras personas son fundamentales para evitar este tipo de agresiones. Para evitar el *cyberbullying* y el resto de formas de acoso es importante la información y la educación en este aspecto, para que chicas y chicos sepan utilizar con criterio las redes sociales y aprendan a respetar a las personas, también en el mundo virtual.

Tu cuerpo es un templo, pero no como te lo han contado

··· TALLER FEMINISTA ···
Visualiza con tus criaturas adolescentes el documental *The UnSlut Project*

En 2013, Rehtaeh Parsons, una chica de diecisiete años de Halifax, se suicidó. La adolescente había sido violada por una pandilla de su clase un año y medio antes y como resultado de aquello la habían etiquetado como «puta». Aunque se cambió de escuela, no pudo evitar el constante acoso cibernético ni la intimidación personal. Sin embargo, su historia no es un caso aislado, y en esta película documental se visibilizan otros casos en los que las chicas y las mujeres han sufrido acoso, agresiones y ostracismo por culpa de este tema.

¿Por qué las niñas y las mujeres son víctimas de la vergüenza sexual? ¿Por qué la sociedad se encarga de insultarlas y avergonzarlas?

Debate este tema y buscad conjuntamente las soluciones para que las chicas sean libres de expresar su sexualidad y los chicos asuman la sexualidad de las chicas como algo natural.

Relaciones entre chicas y chicos

Decálogo de las relaciones feministas

1. El amor de pareja no debe ser el fin último de la realización personal. Las chicas y los chicos son personas completas de forma independiente.

2. No existe una sola pareja predestinada para ti. *La media naranja* o *el amor de tu vida* son conceptos que no existen. Por tu vida pueden pasar muchas personas y ninguna ha sido elegida por el cosmos. Y todas las relaciones con esas personas te hacen crecer.

3. Los celos son negativos y sentir celos no significa que quieras a esa persona. Significa que piensas que te pertenece de alguna manera y que quieres ejercer un control sobre ella. Los celos son una forma de control. Nadie tiene derecho a decirle a nadie cómo tiene que comportarse, cómo tiene que vestir o cómo tiene que relacionarse con la gente. Ni siquiera cuando está dentro de una relación de pareja.

4. El amor no es exclusivo. La construcción social nos dice que lo *normal* es el amor en pareja, pero se puede amar a más de una persona a la vez y las bases de la relación de pareja las establece la propia pareja, no la sociedad.

5. El amor no es omnipotente. Ni lo puede todo ni todo vale en el amor. El amor no es una fuerza que pasa por encima de todo lo humano. Las mismas reglas que rigen cualquier relación entre personas deben valer para las relaciones amorosas. El amor de pareja no es algo fuera de lo normal.

6. El fin del amor no es la vida en pareja. El amor se puede vivir de formas muy diversas y no necesariamente tiene que acabar en matrimonio o en una relación estable de pareja.

7. *No* significa *no*. Y *ahora no me apetece* significa *no*. Y *estoy muy cansada* significa *no*. Solo *sí* libre de presiones significa *sí*. Y en

Tu cuerpo es un templo, pero no como te lo han contado

cualquier momento, por las causas que sean, cualquier chica tiene derecho a decir que quiere parar. Y todos los chicos tienen que respetar las decisiones de las chicas.

8. Las chicas disfrutan con el sexo y quieren sentir placer.
9. Los chicos también tienen sentimientos y emociones, pueden llorar, sentir fracaso, culpa o tristeza.
10. El sexo es una cosa y el amor es otra. Es importante diferenciarlos y saber que la otra persona también lo diferencia. En las relaciones sexuales esporádicas hay que tener en cuenta la afectividad y el respeto.

Comunicarse es la mejor forma de tener una relación de pareja satisfactoria. Con honestidad, sin estereotipos, sin clichés.

Colofón

> Quien no se mueve no escucha
> el ruido de sus cadenas.
> Rosa de Luxemburgo.

En España, anualmente, son asesinadas una media de 60 mujeres por violencia machista. En nuestro país, el machismo mata más de lo que mató ETA y, en el mundo, mata mucho más que los atentados de grupos terroristas. Entonces, ¿por qué no tienen la misma repercusión ni despiertan la misma conciencia social? ¿Por qué las violaciones y las torturas a mujeres no son capaces ni de despeinarnos media ceja? ¿Por qué continuamos perpetuando y legitimando conductas, comentarios y situaciones machistas que relegan a la mujer a un plano muy secundario de la sociedad y nos somete a enormes injusticias?

El gran engaño reside en que el feminismo triunfó generando leyes igualitarias, pero eso no nos ha traído la igualdad real. Por ese motivo, el feminismo sigue siendo igual de necesario. Igual que fue imprescindible que las feministas lucharan por el derecho al voto de la mujer, por tener derechos con respecto a sus hijas e hijos, o por tener derecho a una educación y a una independencia económica, hoy los feminismo ha mutado y se enfocan hacia las nuevas realidades: feminización de la pobreza, brecha salarial, trabajo no remunerado en el hogar, trabajos de cuidados realizados íntegramente por mujeres, nulo acceso a los poderes sociopolíticos, libertad real de las mujeres, prostitución, pornografía, vientres de alquiler, torturas, agresiones sexuales, violaciones, asesinatos machistas...

Muchas injusticias generalizadas, incluso algunas inapreciables, que debemos reparar.

Porque el patriarcado nos ha enseñado a normalizar la violencia machista, las agresiones sexuales, el sexismo y el machismo. Porque durante muchos años nos han hecho creer que las mujeres hemos conseguido la igualdad y que ya no había nada por lo que luchar. Porque hay hombres que se hacen llamar aliados y que siguen perpetuando y legitimando las mismas desigualdades.

Llegará un día en el que nadie alabará a un padre por cambiarle con soltura el pañal a su criatura, ni por reducirse la jornada para criarla ni por responsabilizarse del día a día del hogar. En el que los hombres no interferirán constantemente en la rutina de las mujeres para que les solucionen asuntos de los que tendrían que ocuparse ellos mismos. En el que los hombres no les expliquen cosas a las mujeres que ellas saben de sobra ni las interrumpan, porque realmente las escuchan con interés. En el que los hombres no controlen a las mujeres. Llegará el día en el que ninguna mujer tenga miedo de un hombre. En el que las mujeres ocupen puestos

Colofón

de poder y tomen decisiones importantes, en el que las mujeres sean dueñas de su vida y sus decisiones, en el que no sean objetos de consumo, ni cosificadas, ni infrarrepresentadas ni infravaloradas.

Pero ese día llegará solo si educamos a nuestras niñas y niños en el feminismo, contra el machismo, en el respeto, en la no violencia, para que en un futuro elaboren leyes que corrijan las desigualdades, haya un cambio real del sistema y desaparezca la violencia y la supremacía del hombre.

Necesitamos niñas y niños con conciencia y compromiso, que no ignoren los comentarios machistas, que defiendan en público la emancipación de la mujer. Que tengan capacidad de pensar más allá de lo convencional. Que no se dejen influir por la publicidad, el cine, la televisión, la literatura, las redes sociales, el imaginario colectivo… Que luchen por lo que es justo. Y lo que realmente es justo es el feminismo.

Agradecimientos

A Carlos Puig, por acompañarme en este viaje y ocuparse de todo lo importante mientras escribía este libro.

A Laura Pérez, porque practicamos juntas la sororidad y por su sensibilidad con lo políticamente correcto.

A Paloma Sánchez, por sus críticas constructivas y por ponerme los puntos sobre las íes.

A Anna y al resto del equipo por sus sugerencias, aportaciones y trato excepcional.

Su opinión es importante.
En futuras ediciones, estaremos encantados
de recoger sus comentarios sobre este libro.

Por favor, háganoslos llegar a través de nuestra web:

www.plataformaeditorial.com

Para adquirir nuestros títulos,
consulte con su librero habitual.

«Decidimos perdurar desde el instante en que
no nos dejamos morir, y entonces le reconocemos
a la vida un valor, al menos relativo.»*
ALBERT CAMUS

«*I cannot live without books.*»
«No puedo vivir sin libros.»
THOMAS JEFFERSON

Desde 2013, Plataforma Editorial
planta un árbol por cada título publicado.

* Frase extraída de *Breviario de la dignidad humana* (Plataforma Editorial, 2013).